站立方向、眼皮跳動、十指摩擦、視線飄移，人體不自覺的反射動作，55% 暴露真實想法！

微情緒心理學

從「表象破綻」看穿善意謊言

樂律

▶ 在車站巧遇朋友，一個小觀察卻發現對方其實很想走？
▶ 當對方目不轉睛地「盯」著你，極可能是心虛的表現？
▶ 觀察陌生人講電話的坐姿，就能推測話筒另一端是誰？

金文 著

縱使嫌犯保持緘默，專業警探仍然可以查出蛛絲馬跡；
掌握情緒變化導致的表情差異，在交流互動中占盡先機！

目 錄

上篇　情緒洞察課 ——
辨識他人情緒，就能掌控局勢

第一章　用微反應解讀情緒密碼，
　　　　用高 EQ 應對情緒起伏 ………………006

第二章　一切都呈現在臉上 ——
　　　　面部表情是情緒表達的主要途徑 ………046

第三章　最誠實的手和腳 ——
　　　　肢體動作是情緒的直觀反映……………072

第四章　一開口，你就被出賣了！ ——
　　　　聲調語速是情緒表達的重要手段 ………099

下篇　情緒管理課 ——
提升自制力，遇見更好的自己

第五章　了解自我 ——
　　　　正確認識自己，是控制情緒的前提 ⋯⋯⋯ 130

第六章　管理自我 ——
　　　　妥善處理情緒，是提高 EQ 的關鍵 ⋯⋯⋯ 166

第七章　激勵自我 —— 展現情緒的驚人力量，
　　　　進入心想事成的境界 ⋯⋯⋯⋯⋯⋯⋯⋯ 214

上篇
情緒洞察課 ——
辨識他人情緒，就能掌控局勢

察言觀色是一個成功人士必須掌握的基本技能，指透過觀察人的面部表情、身體動作、言語音調等揣摩其心意與情緒。只有真實地感知了他人的情緒，才能恰到好處地與之交往，達到與人和諧相處或者雙贏的目的。

上篇
情緒洞察課—辨識他人情緒，就能掌控局勢

第一章
用微反應解讀情緒密碼，
用高 EQ 應對情緒起伏

機場，鍛鍊觀察力的不二之選

要想看透身邊人的偽裝，掌控人際交往的主動權，先要成為一個善於觀察的人。你可以從現在開始去一些人流密集的地方，觀察每一個人的姿勢、表情、動作以及與他人之間的交流。

機場是觀察的最佳場所，可以說，是鍛鍊你的觀察力的不二之選。它就像一個奇妙的實驗大樓，能讓你觀察到無數的非語言資訊，而這些資訊能夠揭露人們的想法、感受和態度。

透過觀察抵達或準備離開機場的旅客的肢體語言，你可以揣測他們的心理。除此之外，你還可以判斷他們是否正在為錯過班機而擔心，是否正準備去探望朋友或親人，是否期待有人來接……

如下圖所示：一個 OL 坐在機場候機樓的座位上，等待

第一章
用微反應解讀情緒密碼，用高 EQ 應對情緒起伏

自己所乘班機的登機通知。你會注意到，她筆直地坐著，身體僵硬，背部拘謹，腳踝一動也不動，雙手緊握（見圖1.1）。透過這些非語言資訊，我們可以猜測這個OL現在很緊張、很焦慮，進而推斷她害怕搭飛機或擔心班機延誤，也許她將要錯過一場重要的會議。

圖1.1　緊張的OL

在這個OL的前面，有三位男士正在打電話。你會觀察到，第一個男人焦慮不安地坐在那裡，眼睛緊緊地盯著放在腿上的筆記型電腦；他雙肩僵硬，外套整整齊齊，看起來好像要去參加一個會議；另外，他的面部表情也很嚴肅（見圖1.2）。我們由此便可判定，這個男士正在跟人交談，或許那個人就是他的老闆。他極想給對方留下深刻印象，讓其信服，或者想在一定程度上影響對方。

上篇
情緒洞察課—辨識他人情緒，就能掌控局勢

圖 1.2　全身心投入業務的上班族

第二個打電話的男人，看起來相當放鬆。他很隨意地蹺著二郎腿，一隻手抱著後腦勺，身體微向後靠著，面露微笑，態度隨和。我們不難推斷，他正在和一個很熟的人打電話，可能是他的妻子或者一個老朋友（見圖 1.3）。

圖 1.3　輕鬆悠閒的男士

第一章
用微反應解讀情緒密碼，用高 EQ 應對情緒起伏

第三個男人的身體向前傾斜，低聲細語，試圖在擁擠的機場人流中營造一個私密的空間（見圖 1.4）。你會發現，他舉起一隻手，遮住半邊臉，雙眼朝下，似乎不想讓別人看到自己的表情。透過觀察他的肢體語言，我們可以得出結論：他在祕密行事，可能正在計劃著某個不能讓別人知道的交易或會面。

圖 1.4　祕密行事的男士

如果今天是週末，就會有許多旅客的家人或朋友來接機，所以，你會目睹很多擁抱和親吻的感人場面。這些肢體動作都是因愛情和快樂做出的非語言表達。又或者，你會看到有的旅客收拾好自己的行李，直接走向停車場或停有計程車的路邊。此時，你要注意，他們是疾步快走還是悠閒地慢走。一個人行走的速度能夠讓你了解此次旅程是否重要。你還會發現，有的人焦急地等待著，不停地看手錶或者朝車輛

009

開過來的方向張望;有的人緊握手機,似乎在等電話。

就像你所看到的那樣,機場有許多不同的人和不同的場景供你觀察。所以,下次乘坐飛機時,你可以提前來到機場,放下書刊,花點時間觀察一下周圍的人。你將會看到許多不同的姿勢,這些姿勢能給你提供足夠的提示和線索,去揣摩他們此刻的心理,進而推測出他們的想法和感受。

在學習洞察他人情緒的過程中,你需要注意很多細節。然後,你才能根據這些細節準確地描述出一個人的想法或感受。請注意以下幾項:

- ◆ 面部表情
- ◆ 頭部的位置
- ◆ 背部和肩膀的位置
- ◆ 肩膀和雙手的動作
- ◆ 腿部和雙腳的動作,包括走路的樣子
- ◆ 音調和聲音的變化,包括清喉嚨

把上述非語言資訊串聯在一起,將會形成極具指導性的資訊。在你與別人接觸時,這些資訊能夠幫助你決定下一步該怎麼做。不管是一次很隨意的私人碰面,還是很正式的職場會面,這些資訊都能在某些情況下幫你一把,至少能夠讓會面過程保持和諧,而且能達成共識。

第一章
用微反應解讀情緒密碼，用高 EQ 應對情緒起伏

遵守三項原則，人人都可以是情緒分析師

透析身體語言的能力，與其說是天分，不如說是日積月累觀察和學習的結果。因此，任何人都不應當忽略將身體語言當作一種科學學習的過程。即使是一個簡單的動作，在不同的文化中、不同的環境裡，都會擁有千差萬別的含義。

下面將要介紹的三項基本原則，更是對分析身體語言有著極為重要的意義：

◎ 考慮身體動作發生的背景

考慮身體動作發生的背景，即要考慮身體語言發生的「語境」。和口頭語言一樣，對動作和表情的解讀應當在其發生的大環境下進行。例如：在寒冷的冬天，你看到一個人走在路上，不斷摩擦雙手。這時，你應當想到，他並不是在表達一種期待的感情，而是因為冷。如果換一個地點，在辦公室裡，你向合夥人提出一個議案，他做出摩擦雙手的動作，則表示他對你的提議非常感興趣，並願意積極地執行。

◎ 考慮身體動作和語言的一致性

觀察人們的無聲語言 —— 身體動作時，用口頭語言做參照，看兩者的表達是否一致，將更有利於分析所傳遞資訊的真實性。當資訊完全一致的時候，那這個人的話就是真實的；

上篇
情緒洞察課─辨識他人情緒，就能掌控局勢

但若是某個人口頭上說支持你，卻雙手環抱於胸前（防衛的代表性動作）、下巴緊繃（有緊張、批判之意），那他的說辭很難具有說服力。

在這一點上，女性聽眾更善於發現蛛絲馬跡。因為女性之間在交流時，更多地依賴無聲的肢體語言。她們一旦發現對方的話和身體動作自相矛盾時，就會馬上忽略對方講的話，而產生強烈的質疑。

◎ 考慮身體動作發出的連貫性

解讀身體語言的一個致命的錯誤就是，將每個表情動作孤立起來，在忽視其他相連繫的表情、動作，以及大環境的情況下，片面地解讀他人的肢體語言。

每一個表情或動作就好比一個單字，而每一個單字的含義都不是單一的。為了更準確地解讀，人們應把詞語放到句子裡，配合其他詞語一起理解，如此才能徹底弄清楚具體含義。所以，在分析身體語言之前，每個人都需要進行連貫的觀察。

從現在開始，每天堅持用 15 分鐘的時間來觀察別人的肢體動作。慢慢地，你就能讀懂他人心裡在想什麼，這將使你的工作和生活都大受裨益。

第一章
用微反應解讀情緒密碼，用高 EQ 應對情緒起伏

無聲勝有聲

1860 年代晚期，美國心理學家艾伯特・麥拉賓提出了「7%－38%－55% 定律」：人們在交流的時候，情緒資訊中只有 7% 來自我們所使用的語言，而另外 38% 則來自語氣，剩下的 55% 來自其他非語言性的身體表達，即所謂的「肢體語言」。

麥拉賓的這一觀點在此後產生了很大的影響。人們相信，只要會觀察小動作，便能推斷一個人內心的想法。

有些肢體語言，我們天生就能讀懂，並不需要後天的學習。例如：奧運會和冬奧會上，來自不同文化背景的運動員在贏得了比賽的勝利後都會不自覺地做出相同的姿勢：他們高舉雙臂，抬起下巴以示勝利，即使盲人也不例外。還有熱烈的掌聲，同樣是人類通用的傳達思想和心情的表達方式和溝通形式。對於這個動作的發出者來說，掌聲表達的是肯定、鼓勵和擁護；而對於接收者來說，則是成功、收穫和榮耀。表示失敗的動作也同樣一看就明白：彎背，垂肩，有些人還會用手抓撓頸背，然後踢起塵土或腳邊任何可踢的東西，埋著頭慢慢走向休息處。

肢體語言雖然無聲，但其具有的鮮明而準確的含義，卻與我們每一個人的生活息息相關。

上篇
情緒洞察課─辨識他人情緒,就能掌控局勢

譬如:星期天,忙碌了一上午的妻子吃完午飯後剛睡著,丈夫輕輕打開窗戶準備讓正在樓下玩耍的女兒回家做作業。為了不吵醒妻子,丈夫沒有大聲呼喊女兒,而是朝她招了招手。女兒看見爸爸的手勢後,頓時明白了爸爸的意思,便迅速朝家走來。這時,丈夫抬手一看錶,不到一點半,心想還可以讓女兒再玩一會兒。於是,丈夫又向正朝家走來的女兒揮揮手。女兒看見爸爸的這個手勢後,稍微一想,便又調轉頭,興高采烈地和夥伴們玩去了。整個過程丈夫沒有說一個字,僅憑兩個簡單動作,便和女兒完成了兩次「無聲勝有聲」的溝通。

同理,大街上的交通警察指揮來來往往的汽車和行人,靠的也是這種無言的體語。而一些目的性很強的動作,則完全可以看作一種行為的訊號。譬如:書店裡,某個人踮著腳去拿書架上的一本書。然而,儘管他已把腳踮得很高,還是搆不著。這時,他旁邊身材較高的營業員注意到了他的這個動作,於是,從架上拿了那本書遞給了這位顧客。營業員是怎麼知曉這位顧客的心理的呢?這正是因為顧客的動作表現了一種難以被人忽視的窘境:「我需要幫助!」

還有些肢體動作,比如咬嘴唇、摸鼻子、揉眼睛、摩擦前額、傾斜身體、抱手臂等,所表達出的資訊並不是那麼明顯和絕對,這就需要我們結合具體的場景去揣摩、推敲。假

第一章
用微反應解讀情緒密碼，用高 EQ 應對情緒起伏

若揣摩得正確，你就能發現一些人們不願表露的真實想法。比如：一位年輕女孩告訴她的諮商師，她很愛她的男朋友，與此同時卻又下意識地搖著頭，眨眼速度也比較快，這就否定了她的話語表達。

可見，在與人面對面交流時，要想真正了解交談對象的話語意思，在認真傾聽其述說的同時，還必須認真解讀對方的體語。他的一顰一笑、舉手投足，都在傳達著他的真實想法。同樣，對方也可以透過肢體語言了解到我們內心的真實想法。所以，開始關注並探究肢體語言的密碼吧！那些曾經被你忽視的非語言資訊才是讀懂對方心思的最可靠的資源。

動作和語言不一致，嘴上說的不能信

人類大腦的邊緣系統是非常誠實的。由邊緣系統掌控的肢體動作會如實地反映我們的想法，這些動作是我們的主觀意識無法控制的下意識的動作。我們之所以可以透過身體語言來辨識謊言，原因就在於說謊行為本身的複雜性。一句看似漫不經心的謊言，想要做到滴水不漏不被人懷疑，其實是需要動員全身器官共同參與的龐大工程。因此，無論一個人的口才多麼好、說謊技術如何高明，他的肢體語言都會「出賣」他。

上篇
情緒洞察課─辨識他人情緒,就能掌控局勢

人們在說話時,實際上是同時在意識和無意識兩種層面上進行交流。說謊者把精力集中在編造謊言、如何應答上面,因而很難控制自己的身體語言。由於人們在交流中同時傳遞這兩種資訊,因此說謊能否成功,關鍵就在於對意識和無意識兩種資訊表達的控制。講真話的人,意識表達和無意識表達總會保持一致。而一旦語言和動作之間出現不一致,我們就有理由表示懷疑。在這種情況下,難以控制的無意識訊號,即動作和姿勢,往往才是真情實感的表達。也就是說,當動作和語言自相矛盾時,所說的話就很有可能是假的。

生活中經常可以見到這樣的例子,例如:抱怨感冒頭痛向主管請假,卻以輕快的步伐走下樓梯;嘴上明明說「不是」,同時卻在點頭;再如,嘴上正在說好話,兩個拳頭卻緊緊地握在一起,那分明就是討厭你的表現。

所以,想要了解一個人的真實想法,就不能忽視任何微小的細節。這就需要我們善於捕捉表情的瞬間變化,根據這些細微的變化來分析對方的心理活動。享譽全球的身體語言大師喬‧納瓦羅在其著作中就提到了這樣一個例子。

坐在桌子另一端的那個男人小心謹慎地回答著聯邦調查局特務的問題。其實,當時他還不是那次謀殺案的主要嫌疑人,他有充分的證據證明自己不在現場,言辭也很真誠,但是那名特務卻依然不停地問問題。

第一章
用微反應解讀情緒密碼，用高 EQ 應對情緒起伏

「假如你參與這宗案件，你會使用槍嗎？」

「假如你參與這宗案件，你會使用刀子嗎？」

「假如你參與這宗案件，你會使用碎冰錐嗎？」

「假如你參與這宗案件，你會使用錘子嗎？」

這裡所說的「碎冰錐」便是本案的作案工具，但這早已是眾所周知的了，這名嫌疑人自然也知道。這位特務的主要目的其實是想觀察嫌疑人在聽到這些凶器的名字時的反應。當他提到碎冰錐時，那名男子的眼皮明顯地耷拉了下來，而且一直耷拉到下一種凶器的名字被說出。這位特務立刻明白了其中的意義。從那一刻起，這名嫌疑人就成了該案件的第一嫌疑人。後來的進展說明他沒有被冤枉。

當犯罪嫌疑人試圖掩蓋內心的真實想法時，會製造出種種口頭的謊言，卻沒有辦法控制自己的肢體語言。不經意中，他們就會把內心的祕密洩漏在一個眼神，或者一個看似沒有深意的手勢裡。

因此，我們聽別人說話時，要同時注意他的肢體語言。將肢體語言、表情和說話內容做對照，才能看出一個人的真實情緒和動機。除非動作、聲音和說話內容彼此符合，否則就一定有所掩飾，那就需要我們仔細觀察去找出線索。一旦認清了一個人的習慣做法，也就很容易推測他的其他行為。

上篇
情緒洞察課─辨識他人情緒，就能掌控局勢

妙不可言的觸碰

在任何一種文化中，觸碰都是身體語言重要的組成部分之一。我們的皮膚表層包含有數以千萬計的神經末梢，它們就像一個個感受器，可以感知溫度、壓力、疼痛等。即使是一次簡單的觸碰，也能反映出一個人的許多特徵。

在面試的過程中，如果求職者與面試官握手時，僅是勉強抓住面試官的指尖，則說明求職者的性格可能較為內向，膽子較小，不太適合做業務、公關之類的工作；如果求職者與面試官握手時，用力握住面試官的手，則說明求職者的性格可能較為憨厚，反應較為遲鈍，不太適合做推銷、企劃之類的工作。

一些簡單的觸碰除了可以反映一個人的部分個性特徵之外，有時還能產生一種強而有力的作用，促使被觸碰的一方說實話。美國心理學家的「電話亭測試」就證明了這一點。

實驗中，心理學家把一枚１美元的硬幣悄悄地放在一個公用電話亭內，然後迅速躲在不遠處，等待不知情的人來打電話。當心理學家看見打電話的人收起那枚硬幣後，便迅速走上前去問：「先生，你有沒有看到我丟失在電話亭的一枚硬幣？我現在急需它來打一通電話。」在被測試的25個人中，僅有５個人將拾到的硬幣交還給了心理學家。

第一章
用微反應解讀情緒密碼，用高 EQ 應對情緒起伏

　　接下來，心理學家改變了實驗方式。他依舊放了一枚 1 美元的硬幣在公用電話亭內，等待不知內幕的人來打電話並拾起這枚硬幣。這次，心理學家在問打電話的人是否看見那枚硬幣前，先有意識地觸碰了一下對方的手肘（觸碰時間在 3 秒之內），然後才問道：「先生，你有沒有看到我丟失在電話亭的一枚 1 美元硬幣？我現在急需它來打一通電話。」這次的實驗結果和心理學家預想的幾乎完全一致，在被測試的 25 人中，有 20 人承認自己拾到了那枚硬幣，並略顯尷尬地將它還給了心理學家。

　　兩次實驗結果之所以有如此大的差距，關鍵就在那看似微不足道的觸碰。為什麼輕輕地觸碰一下別人，尤其是陌生人，會產生如此大的力量呢？心理學家為我們揭開了謎底。

　　首先，手肘雖然離軀幹較遠，但仍是身體不可或缺的重要組成部分，因而每個人都有保護它的潛意識。一旦有人「侵犯」它，我們便會產生警覺意識，心理壓力也隨之增大，這就會促使一個人實話實說。

　　其次，在很多國家，被一個陌生人突然觸碰是令人不適的。當一個人觸碰他人手肘的時候，會給對方留下較深刻的印象，進而使對方產生盡快擺脫這個「不速之客」的想法。在這種情況下，一個人是很容易說出實話的，除非他想故意惹麻煩上身。

上篇
情緒洞察課—辨識他人情緒，就能掌控局勢

最後，輕輕觸碰對方的手肘達 3 秒之久，會在雙方之間搭起一個暫時連線的紐帶，這也會促使被觸碰的一方實話實說。

心理學家的研究還發現，文化背景的不同也會影響退還的機率。這主要取決於特定文化背景下，人們在日常生活中相互觸碰的頻率有多高。一般來說，人們在日常生活中相互觸碰的頻率越高，退還硬幣的機率就越低，反之則越高。

需要注意的是，在很多國家，如果你突然去觸碰一個陌生人的手肘上方或是下方的話，未必會促使對方跟你說實話，反而會產生一些負面影響。比如：對方對你怒目相向，因為他會誤認為你有不良企圖。當然，如果你觸碰對方的時間超過 3 秒，產生的負面影響可能會更嚴重，極有可能導致對方對你拳腳相加，因為對方可能會認為你試圖攻擊他。

除此之外，男女之間還可以用觸碰來表達愛意。熱戀中的情侶或親密無間的已婚夫婦在漫步時，彼此靠得非常近，並且會做出各種表達恩愛的觸碰動作。比如：新婚夫婦往往會摟住對方的腰或手牽手漫步。這個動作默默地告訴每一個人：「不准碰，她（他）是我的！」所以，觸碰既表示占有權，同時也表達了對對方的保護和信任。

圖 1.5 中的兩對夫妻，很明顯在享受彼此的愛和溫柔。你會注意到，左圖中的女人將自己的手臂環繞在丈夫的頸

第一章
用微反應解讀情緒密碼，用高 EQ 應對情緒起伏

部，而右圖中的男人也將自己的手臂環繞在妻子的頸部，這都表達出了濃濃的愛意。

圖 1.5　兩對表達愛意的夫妻

我們之前提到過，有些人比其他人更喜歡表露自己的情感。通常，在其他人面前，夫妻當中的一方更喜歡透過身體的接觸來表達愛意。如果一對夫妻在參加聚會前有過爭吵，並且直到出席聚會緊張關係仍未有所緩和，那麼雙方很有可能表現得非常拘謹，每一次微笑都很不自然。

通常情況下，假如夫妻相處得不太好，就幾乎不會有任何身體接觸。即使一方觸碰到另一方，被觸碰的一方也會快速抽回被觸及的手或肩膀。如果雙方坐在同一張沙發上，他們會刻意保持距離，而不是彼此靠近（見圖 1.6）。

上篇
情緒洞察課—辨識他人情緒，就能掌控局勢

圖 1.6　一對各懷心事的夫妻

當你參加一個人比較多的大型聚會時，若看到兩個人在說話時不斷拉近彼此的距離，你可能會認為他們有什麼不可告人的祕密。如果你離他們不遠，或許還會發現，他們從最初的肩並肩，變成了面對面。從他們身上傳達出的非語言資訊是：「這是私人空間，請勿打擾！」

可以說，社交聚會場所和機場一樣，也是一個很好的觀察他人的地方。觀察聚會出席者的肢體動作並給予恰當解讀，是一件充滿樂趣的事。不過，更重要的是，學會正確解讀他人的肢體語言，將有利於社交活動的開展。

窺探人心，從「頭」開始

頭部是人體的「司令部」，是口頭語言和身體語言的領導。因為頭部集中了所有表情器官，因此往往是人們關注、

第一章
用微反應解讀情緒密碼，用高EQ應對情緒起伏

觀察身體語言的重點部位。在不同的場合，透過觀察一個人的頭部動作，就能了解他的情緒狀態和對別人的態度。

下面，我們就來解釋一下各種頭部動作所隱含的意思：

◎ 點頭

點頭這一動作常用來表示同意，其實它還有其他非常豐富的含義，例如讚賞和順從；並且，點頭不僅能表達出自己的肯定態度，還可以激發對方的肯定態度。

面試者拘謹地坐在考官們的對面，從他緊握的雙手和交扣的腳踝可以看出他十分緊張。女面試官看出了他的焦灼情緒，於是在他回答問題的間隙以微微的點頭來回應他。這個動作好像對面試者產生了神奇的力量，他開始放開雙手，並且有了更大的表達欲望，聲音也從原來的顫抖變得高昂而有節奏了。

面試者從緊張到放鬆，開始順暢地表達自己，面試官的動作鼓勵功不可沒。我們都知道，點頭在大多數場合中都是讚賞、同意的意思。如果聆聽者每隔一段時間就向說話人做出點頭的動作，就會激發說話人的表達欲望，能夠讓他比平時更健談。

面試者因為緊張的情緒導致了姿勢的拘謹，語言表達也受到了限制。當他看到面試官的點頭動作時，就會覺得對方對他是讚賞的，於是信心大增。被激發的信心激起了他的表

上篇
情緒洞察課─辨識他人情緒,就能掌控局勢

現欲望,所以話語自然就增多了。相反,如果面試官吝惜自己的點頭動作,參加面試的人就會覺得自己的表現十分差勁,沒有獲得對方的認同。這時,他便更會感到談話索然無味而不願意進行下去。

除了**讚賞**,點頭還可以表達尊敬、順從的意思。這樣的姿勢在日本人中最為常見。日本人見面以點頭和鞠躬作為打招呼的方式。比如當下級見到上級,或者晚輩見到長輩時,會彎下腰鞠躬,表示自己的謙卑和對對方的尊敬。而上級或者長輩則以微微點頭回敬。**實際上**,點頭可以看作鞠躬的簡化版,就像一個人正準備鞠躬,而動作沒有完全做出,只進行到頭部就戛然而止。所以點頭的動作就象徵性地表示了鞠躬所具有的含義。

點頭動作還有一個魔力,那就是可以引發別人的點頭動作。也就是說,當你希望對方同意你的觀點時,不妨在說話時自己先點點頭。

因為點頭的動作具有相當大的感染力,如果有人對你點頭,出於友好和禮貌,你通常也會向對方報以點頭的動作。做出這個動作並不代表同意這個人所說的話。但是,在建立友善關係、贏得肯定意見與合作態度等方面,點頭無疑是絕佳的手段。在跟別人談話時,你可以嘗試這樣的方式。比如用反問句說:「你也是這樣想的吧?」並且**邊說邊點頭**。聆聽

第一章
用微反應解讀情緒密碼，用高 EQ 應對情緒起伏

者很有可能就會和你一起做出點頭的動作，由此產生積極的情緒——這樣，他很有可能會贊成你的意見。

也許你會說，對方點頭並不代表真心接受你的意見。這是當然的，點頭的動作不是魔法。但是點頭的動作的確能在人的心裡形成積極的暗示。因為身體語言是人們的內在情感在無意識的情況下所做出的外在反映，所以，如果你懷有積極或者肯定的態度，說話的時候就會頻頻點頭。反過來，如果你刻意地做出點頭的動作，內心同樣會體驗到積極的情緒。也就是說，積極的情緒與點頭的動作之間存在著雙向因果關係，它們能夠互相影響，互相激發。

◎ 搖頭

媽媽在哄剛滿週歲的孩子吃飯，可是孩子好像已經吃飽了，對遞過來的湯匙失去了興趣。於是他把頭左右搖擺，想要避開它，視線也極力避開遞過來的食物。媽媽於是放棄了努力，她想孩子肯定是吃飽了。

幼兒是最不會用身體語言撒謊的。他們的口頭語言能力還沒有發展完善，但身體語言已經能表達內心情感了。他們餓了會哭，飽了會用搖頭來拒絕食物。而用搖頭來拒絕食物的能力，似乎從他們出生開始就具備了。還在哺乳期的新生兒就會左右偏移腦袋拒絕母親的乳房。所以，搖頭似乎是與生俱來的抗拒動作。

上篇
情緒洞察課—辨識他人情緒，就能掌控局勢

不過，有時候人們也用搖頭來表示無奈和遺憾。

我們經常在電視上看到這樣的鏡頭：醫生走出急診室，對著等候在外面的家屬做出了搖頭的動作。雖然具體的消息還沒有獲知，但是家屬們立刻就明白裡面發生了什麼，繼而嚎啕大哭。所以，這裡的搖頭就是一種對自己能力的否定，而展現給對方的就是無奈和遺憾了。

然而，並不是所有情況下的搖頭都是消極否定的意思。在某些典禮開幕式中，很多人面對那些構思奇巧的編排設計張開了嘴，並且做出了搖頭的動作。這裡的搖頭所代表的並不是「很一般，不怎麼樣」的意思，而是「天哪，沒想到會這樣精采」。這時，搖頭是對自己當初的想像力的否定，對所見事物的驚嘆和讚許。

◎ 抬頭

一般來說，抬頭是有意投入交談的動作。當一個學生進入老師辦公室後，發現老師正在低頭寫東西，便會靜靜站在一旁，直到老師抬頭看見他。這種情況下，這個學生知道，老師準備停下自己手頭的工作與他進行交談。

◎ 仰頭

喜歡將頭部後仰的人要麼對自己非常有自信，要麼非常勢利，喜歡以盛氣凌人的態度對待別人。通常情況下，將頭部後仰所表達的情緒為：自以為是、自高自大、心存抗拒。

第一章
用微反應解讀情緒密碼，用高 EQ 應對情緒起伏

基本上，這種姿態是具有挑釁性的，因而經常做出此種頭部姿勢的人一般不會得到別人的尊重和喜愛。

◎ 低頭

對著別人將頭部垂下，是在向對方暗示：我們兩個人當中，你是「頭」。職位、身分、輩分較低的人經常會做出此種動作。但有些時候，一些職位、身分和輩分較高的人也會做此種姿勢，以此向對方傳達這樣一種資訊：你也是值得肯定的。

如果一個人將頭深深埋下，一言不發，則表示他對對方感到十分厭煩，不想說一句話。當然，有些人在心理狀態不好時，也會做出低頭的動作。所以，面對做出此種動作的人，最明智的做法是安靜地離開。

如果一個人見到別人時迅速將頭低下，以免和對方發生眼神接觸，一般來說，這類人具有較強的害羞或謙卑心理，不喜歡與別人尤其是陌生人交流。如果一個人在心懷敵意的情況下，把頭故意低下則與此截然不同，他在低下頭的同時，不會讓眼睛隨著頭部的低下而低下，而會狠狠地瞪著對方。

◎ 頭部前伸

這種頭部動作的含義較為豐富。有時候它表示情意綿綿、無限柔情，比如熱戀中的情侶在某個地方約會時，雙方

上篇
情緒洞察課—辨識他人情緒,就能掌控局勢

都會伸長脖子含情脈脈地凝視著對方。有時候,這個動作也表示滿懷敵意,比如兩個心存芥蒂甚至相互仇視的人狹路相逢時,雙方都會伸長脖子、探出頭部以示自己毫不懼怕對方,並且往往還伴有瞪視對方等動作。有的時候,當一個人企圖讓某個人注意自己時,會把頭部伸向自己打算接近的那個人。

◎ 頭部歪斜

當一個人忽然看見某個人時,可能會將頭部猛然上揚,然後又迅速恢復原來的姿勢,這表示「我很驚訝竟然在這裡見到你」。在這裡,頭部上揚就是表示非常吃驚的動作。另外,有的人還喜歡做出頭部歪斜的動作。這一姿勢源於我們兒時依偎在父母身上的那種舒適、美好的感覺。如果一個成年女性經常對男性做出這種動作,則有賣弄風情或是假裝天真的嫌疑。

◎ 抓頭和拍頭

拍打頭部這個動作多表示恍然大悟、自我譴責。比如:當一個人忘記某件事,一番冥思苦想後也沒有一點頭緒,但在某一個瞬間,又忽然想起來了,這時他多半會拍一下自己的腦袋,叫一聲「想起來了」。再如,當一個人對某個問題苦苦思索後,仍想不到好的解決辦法,忽然之間有了靈感,也會做出拍腦袋的動作。還有,當一個人到達火車站後,看見

第一章
用微反應解讀情緒密碼，用高 EQ 應對情緒起伏

自己要乘坐的火車已經啟動，正緩緩駛出車站，這時他可能也會拍兩下腦袋，以示自我譴責，後悔自己太貪玩，以致沒有趕上火車。

不過，同樣是拍打腦袋，拍打的部位卻有可能不同。有的是拍打後腦勺，有的是拍打前額。一般來說，拍打後腦勺的人多半處於思考狀態，他做出此種動作的最大目的就是讓自己放鬆，以便想到更好的辦法；而拍打前額則表示當前面對的事情不管是好還是壞，至少已經有了一個結果。

總之，頭是人體最重要、最顯著的部分，情急之下顧「頭」不顧「尾」的本能反應也很好地印證了這一點。所以，要了解一個人，我們可以從「頭」開始，獲得一些重要資訊。當然了，學會判斷需要一個過程，我們絕不能斷章取義，一定要融入相應的場景之中具體分析。

不要輕視「拍案而起」的威力

拍案而起（見圖 1.7）是指用手猛地一拍桌子，然後憤然站起來。這個詞現在屢見報端，一般用來表現一些領導人對某些大事件、突發事件，以及民憤極大又沒有得到很好解決的事件的憤怒心情，展現這些領導者的膽識、魄力和疾惡如仇的性格。在現實生活中，如果交流對象朝你拍案而起，則表示他很憤慨，並想顯示威脅力。

上篇
情緒洞察課—辨識他人情緒，就能掌控局勢

圖 1.7 拍案而起

一個人做出拍案而起的動作，多是在他感覺人格和尊嚴受到侵犯的時候。此刻他覺得不應該再臨陣退縮，於是拍案而起，想給予人迎頭痛擊。與之伴隨的往往還有手往下劈的動作，這樣通常會給人一種泰山壓頂、不容置疑的感覺。使用這種手勢的人，一般都是地位高高在上、有些自負的人。他們的能力很強，不會輕易容許別人反駁自己。這個動作的意思是「就這麼辦」、「這事情就這樣決定了」、「不行，我不同意」等。

日常生活中，有的上司在講話時，為了強調自己的觀點，顯示威脅力，會做出手往下劈的動作。這個時候，你千萬不要輕易提出相悖的觀點。不幸的是，在現實生活中，很多人卻不懂這一點。

同事或朋友三五成群地爭論問題，有人為了證明自己的

第一章
用微反應解讀情緒密碼，用高 EQ 應對情緒起伏

觀點，往往也喜歡做手往下劈的動作來否定別人的觀點，打斷別人的話。如果你非要跟他爭論個你是我非的話，恐怕他很容易就拍案而起了。此時，我們最明智的選擇是保持沉默，而不是衝動地給予反擊。

一般情況下，在演講中不要做拍案而起的動作。但是演講者為了強調，往往會做出手往下劈或攥緊拳頭的動作。這是顯示威懾力的表現，握緊的拳頭好像在說：「我是有力量的。」但如果是在有矛盾的人面前攥緊拳頭，則表示：「我不會怕你，要不要嘗嘗我的拳頭？」這是他討厭某人的表現。

歷史上，「拍案而起」的例子數不勝數。「同治中興」名臣左宗棠在事關中華民族利益的大是大非面前「拍案而起，挺身而出」的故事，尤為後人稱道。

當時，清政府與英帝國主義簽訂了不平等條約，又是割地又是賠款。此時的左宗棠雖然人微言輕，卻拍案而起，說：「英夷率數十艇之眾竟戰勝我，我如卑辭求和，遂使西人具有輕中國之心，相率效尤而起，其將何以應之？須知夷性無厭，得一步又進一步。」他痛斥琦善「堅主和議，將恐國計遂壞伊手」、「一二庸臣一念比黨阿順之私，令天下事敗至此」。他利用自己的朋友關係，四處聯絡，推動參劾投降派，重新啟用林則徐。正是在輿論壓力之下，朝廷不得不撤掉琦善，恢復了林則徐的職位。

上篇
情緒洞察課—辨識他人情緒，就能掌控局勢

可見，拍案而起的意義是否積極，還要看當時的情境。如果說話者只是為了展現個人的威懾力，那就有些小題大做了。

學會換位思考

洞察他人的情緒是一門藝術。只有自身心平氣和，才可能掌握別人的情感。左右他人的情感正是處理人際關係的關鍵藝術。

要做到這一點，必須具備移情能力（也叫同理心或同情心）。移情是一個比較抽象的心理學概念，但解釋起來非常簡單：指的是人們常說的設身處地、將心比心的做法，是一種了解他人的情緒，並能在內心親自體驗到這些情緒的能力。

也就是說，在發生衝突或誤解的時候，當事人如果能把自己放在對方的處境中想一想，也許更容易了解對方的初衷，消除誤解。我們在生活中常說「人同此心，心同此理」，就是這個道理。

人與人之間的關係沒有固定的公式可循，要從關心別人、體諒別人的角度出發，做事時為他人留下空間和餘地，發生誤會時要替他人著想，主動反省自己的過失，勇於承擔責任。只要有了同理心，我們在工作和生活中就能避免許多

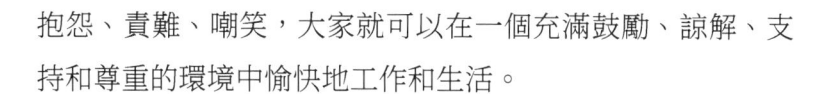

第一章
用微反應解讀情緒密碼，用高 EQ 應對情緒起伏

抱怨、責難、嘲笑，大家就可以在一個充滿鼓勵、諒解、支持和尊重的環境中愉快地工作和生活。

在對他人的情緒進行辨識、評價，並加以接受時，移情發揮著主要作用。移情要以自覺為基礎，一個人愈能坦誠面對自己的情感，愈能準確解讀別人的感受。

這就是說，人應該學會換位思考。工作中因為某件事和他人發生了衝突，要設想如果自己處於那個位置，會是什麼樣的感覺。先了解自己的感受，才能更好地了解別人的感受。先做好自己的主人，才能做好別人的主人。

當直接對某人表情達意時，有情感表達障礙的人常常會感到困惑不已。他們無法對他人的情緒進行正確的辨識和評價，這不但是一大 EQ 缺陷，更可說是人性方面可悲的缺憾。因為融洽的關係是人們相互關懷的基礎，它源於敏銳的感受與同情心。

移情能力在各個領域中都扮演著很重要的角色，缺少這種能力可能導致極可怕的後果，心理變態的強暴者、虐待兒童者都是明顯的例子。這種能力對人類的生存和發展是很重要的，它使人們之間能相互理解、和諧相處，有助於建立良好的人際關係。

即使是最聰明的人，如果缺乏這方面的能力，也很難有成功的人際關係，甚至給人傲慢、可厭或遲鈍的感覺。而具

上篇
情緒洞察課—辨識他人情緒，就能掌控局勢

備這種能力的人與人接觸時常可居主導地位，容易打動別人，具有說服力與影響力，同時又讓人覺得自在。

通常來說，人們不僅能夠覺察自己的情緒，還能覺察他人的情緒，理解他人的態度，對他人的情緒做出準確的辨識和評價。通常來說，同情心的敏感度與智力測驗或學校考試沒什麼關係，就連嬰兒都具備這種能力。

9個月大的小孩看到其他小孩跌倒，眼眶會浮起淚水，然後爬到母親懷裡尋求慰藉，彷彿跌倒的人是他。15個月大的麥可看到朋友保羅在哭，會拿出自己的玩具熊安慰他；如果保羅仍哭個不休，麥可還會拿抱枕給他。這些情形，是孩子的母親協助專家做研究時觀察記錄下來的，該研究顯示同情心的形成可溯及嬰兒時期。

事實上，嬰兒自出生日起，聽到其他嬰兒啼哭便會感到難過，有人認為這是人類同情心的最初表現。

發展心理學家發現，嬰兒還未完全明白人我之分時，便能同情別人的痛苦。幾個月大的嬰兒看到其他孩子啼哭也會跟著哭，彷彿感同身受似的。約週歲時，孩子開始明白別人的痛苦是別人的，但仍會感到不知所措。

紐約大學的馬丁・霍夫曼做過相關研究。他注意到，兩歲大的孩子會模仿別人的痛苦。看到其他孩子手受傷時，他們可能會把手伸進嘴裡，看看自己是否也會痛。看到母親哭

第一章
用微反應解讀情緒密碼，用高 EQ 應對情緒起伏

泣時，他們也會擦拭自己的眼睛，雖然並未流淚。

到三歲半時，小孩子不但能區別他人與自己的痛苦，而且能安慰別人。下面是一個母親的記錄：

鄰居的一個小孩在哭……珍妮走過去拿餅乾給他吃，一路跟著他走，甚至自己也開始發出哭音。接著她想要撫摸他的頭，但是他躲開了……他漸漸不哭了，但珍妮似乎仍很關切，仍不斷拿玩具給他，拍他的頭和肩。

一項針對兒童所做的測驗發現，富有同情心的孩子在學校較受歡迎，情感也較穩定，表現較佳，雖然其智力並不比別的孩子高。顯然同情心有助於學習，有助於獲得老師和同學的喜愛。

移情能力可以說是人的一種本能，卻會因人們對情感的淡漠逐漸喪失。這裡面既有逃避痛苦的原因，也有自私的意念在作祟。而最主要的原因是人的感情往往使人看問題不夠客觀，帶有情緒。而一帶有情緒，就會使人忽略了對方的想法，導致溝通的失敗。

朋友激動時，帶頭做個深呼吸

生活中，人人都難免遇到不順心之事，因而變得情緒激動甚至大發雷霆。當家人、朋友處於這樣的狀態時，很多人

上篇
情緒洞察課─辨識他人情緒，就能掌控局勢

都手足無措，不知如何處理。畢竟，想要控制自己的情緒或者勸說對方冷靜下來都不是一件容易的事情，但是我們可以運用一些肢體動作來達到緩解緊張氣氛的目的。

◎ 帶頭做個深呼吸

　　深呼吸能夠供給身體充足的氧。要知道，充足的氧是人保持積極心理狀態的前提條件，並且呼氣的動作能夠有效排解負面情緒。當自己或別人激動時，做個深呼吸，並且盡量使呼氣的時間比吸氣的時間長。當對方看到你做這個動作時，往往也會效仿。讓他模仿你呼吸的頻率，反覆幾次之後，對方的心情也會逐漸恢復平靜。

◎ 緊握他的手

　　一個人衝動的時候，雙手往往會不自覺地大肆揮舞，甚至做出很多具有破壞性的動作，比如摔東西。這時，與他握手可以客氣地制止對方的這一行為，透過控制對方過激的行為而緩和對方的衝動。當然，在對方情緒衝動的時候與其握手，遭到拒絕的可能性會比較大。你可以大膽地找到合適的理由，多次試著跟他握手。

◎ 給他讓座

　　如果仔細觀察，你就會發現，情緒激動的人大都是站著的。他們呼吸急促、手腳顫抖。而當一個人坐著的時候，

第一章
用微反應解讀情緒密碼，用高 EQ 應對情緒起伏

則很難激動到這種程度。因為坐著的姿勢會大大限制胸部擴張，使其怒氣不足。因此，想要冷卻對方的情緒，給他讓座，讓他坐下來，是一個不錯的辦法。

當對方情緒激動的時候，無論是贊同還是勸誡，都是火上澆油。這時，你只要當好傾聽者，讓對方發洩就好，一定不要和對方爭吵。當然，面對一個情緒極其不冷靜的人，你勢必會有忍無可忍、想要回擊對方的衝動。這時，你不妨向對方大聲喊出「冷靜下來」。這樣對方極有可能在你的「當頭棒喝」之下冷靜下來。

情緒需要一個出口

許多管理者在處理員工的情緒問題時，常常採取懲罰壓制的辦法，這會導致不良情緒不斷累積，不僅會導致個人工作效率低下，還會影響到其他員工的積極性。最好的方法是，透過適當的途徑，讓員工把心中的不滿發洩出來，之後再進行勸導，會收到更好的效果。

美國芝加哥郊外的霍桑工廠是一家製造電話交換機的工廠。這家工廠擁有完善的娛樂設施、醫療制度和養老金制度等，但員工們仍憤憤不平，生產狀況也很不理想。為探求原因，1924 年 11 月，美國國家研究委員會成立了一個由心理

學家等各方面專家參與的研究小組,在該工廠開展了一系列實驗研究,其中心課題就是生產效率與工作物質條件之間的關係。這一系列實驗研究中有一項「談話實驗」,在兩年多的時間裡,專家們找工人個別談話達兩萬餘人次;在談話過程中,專家們耐心傾聽工人對廠方的各種意見和不滿,並作詳細記錄,不加反駁和訓斥。

「談話實驗」收到了意想不到的效果:霍桑工廠的產量大幅度提高。長期以來,工人對工廠的各種管理制度和方法有諸多不滿,無處發洩,「談話實驗」使他們把這些不滿都發洩了出來,從而感到心情舒暢,幹勁倍增。社會心理學家將這種奇妙的現象稱為「霍桑效應」。

當管理者們深切地領悟了「霍桑效應」的妙處之後,就立即不失時機地應用到自己的管理中。比如:設立「牢騷室」,讓人們在宣洩完後,全身心地投入工作中,從而使工作效率大大提高。

現在,國外還興起了一種「憤怒房間」。這些憤怒房間的創意多源自心理學專業人士的設計,他們認為適度發洩能幫助人們釋放情緒,達到心理平衡。每個憤怒房間都聘請專業人員指導參與者,教他們如何透過喊叫、扭毛巾、打枕頭、摔東西等方式發洩情緒。有的憤怒房間甚至會配合心理諮商,先協助找出情緒的「氣源」,再用引導的方式幫助參與者

第一章
用微反應解讀情緒密碼，用高 EQ 應對情緒起伏

進行深度釋放，讓他們在健康的氛圍中消解壓力。

無論是「談話實驗」、「牢騷室」還是「憤怒房間」，其宗旨都在於讓員工得以透過恰當的方式發洩不滿情緒。當然，我們應該把這種方法運用在日常生活中，無論是家人、朋友還是同事情緒激動時，先讓他們宣洩出來，再進行勸說。

聰明的人一定會提供良好的情緒價值

老婆明天晚上要去參加公司聚會，因為吃完飯還要去 KTV 唱歌，所以不能帶孩子，而且要很晚才能到家。她問：「老公，你明晚能搞得定嗎？」

老公說：「妳不用管那麼多，我搞定就行了。」

老婆立刻不高興了，老公也馬上意識到自己的話有問題。他明明是想表達：「老婆，妳儘管放心去吧！好好玩，孩子吃喝拉撒睡覺什麼的我都可以搞定。」多麼有擔當的老公，卻被老婆誤解了，委屈不委屈？

其實，一點也不委屈。因為他明明可以好好說話，讓對方的興奮度和期望值更高一點，卻給對方澆了一盆冷水，讓對方的興致全無。如果老公換一種表達方式，如：「老婆，難得一次聚會，要好好放鬆放鬆，多拍些照片回來。家裡有我這奶爸呢，照顧孩子沒問題。」那麼，我想雙方都會心情愉悅。

透過這個小小的生活場景，大家會發現，兩個人在溝通時，說話方式和情緒完全可以影響到對方。這讓我想到了最近網路上很熱門、有不少商界大咖在演講中都提到的一個詞——情緒價值。

簡單來說，一個人越能給其他人帶來舒服、愉悅和幸福的情緒，他提供的情緒價值就越高；一個人總讓其他人產生彆扭、生氣和難堪的情緒，他提供的情緒價值就低。

高情緒價值是一種人格魅力，人們都喜歡跟積極向上、充滿正能量且能讓自己感到愉悅的人交往。相反，那些天天抱怨、動不動就「抓狂」的滿滿負能量的人提供的情緒價值太低，我們總是能躲多遠就躲多遠。

如今，一點小事就生氣、一言不合就發飆、情緒無常的人不在少數，有話不會好好說，總是莫名其妙地給身邊人找麻煩。所以，友情的小船說翻就翻，愛情的巨輪說沉就沉。這些人應該向下文中的安迪學習，努力提高自己提供給別人的情緒價值。

安迪的男朋友是一個很懶的人，就算屋子已經亂到沒有下腳的地方，也絕對不會收拾。朋友們提意見，他還會不耐煩地反駁：「能不能好好聊天了！我不是住得好好的？」

在幾次溝通無效後，安迪換了一種策略。

男朋友每次做了一點點家務，她都會注意到，並且立刻

第一章
用微反應解讀情緒密碼，用高 EQ 應對情緒起伏

給予讚美，比如：「你太厲害了，碗洗得比我乾淨多了。」「多虧有你，不然我都注意不到桌子髒了。」「你太有天賦了吧，第一次煲湯就這麼棒。」

慢慢地，安迪的男朋友已經能夠相對主動地分擔部分家務了。她的目標是把男朋友培養成家務小能手，這樣她就可以「坐享其成」。

其實，不管男人還是女人，大部分都吃軟不吃硬──你說他好，他會變得更好；你說他不好，他會變得更不好。聰明的人一定懂得四兩撥千斤的道理。說幾句漂亮話就能解決事情，為什麼不呢？

安迪就深諳此理，所以，她並沒有像朋友們那樣直截了當地提出屋子太亂需要收拾，招致男朋友的反感，而是透過讚美、鼓勵提高了男朋友對「做家事」這件事的愉悅感，進而促使他的行為發生了改變。可以說，向別人提供高情緒價值，最終受益的其實是我們自己。

情緒可以感染，憤怒可以控制

美國《華盛頓郵報》報導，美國夏威夷大學的心理系教授埃萊妮・哈特菲爾德（Elaine Hatfield）及其同事經過研究發現，包括喜怒哀樂在內的所有情緒都可以在極短的時間內從一個人身上「感染」給另一個人。感知到別人的情緒就會引發

上篇
情緒洞察課─辨識他人情緒，就能掌控局勢

自己產生相同的情緒，儘管你並未覺察出自己在模仿對方的表情。這種情緒的鼓動、傳遞，無時無刻不在進行，人際關係互動的順利與否，便取決於這種情緒的互動。

越戰初期，美國士兵與越軍在一處稻田激戰。這時，突然出現了六個和尚，他們排成一列走過田埂，毫不理會猛烈的炮火，十分鎮定地一步步穿過戰場。

美國兵大衛‧布西回憶道：「這群和尚目不斜視地筆直走過去，奇怪的是竟然沒有人向他們射擊。他們走過去以後，我突然覺得毫無戰鬥情緒，至少那一天是如此。其他人一定也有同樣的感覺，因為大家不約而同停了下來，就這樣休兵一天。」

這些和尚的處變不驚，在激戰正酣時竟澆熄了士兵的戰火，這正是人際關係中的一個有趣現象：情緒會互相感染。

這當然是個極端的例子，一般的情緒感染沒有這麼強烈，而是隱藏在人與人的交流中。它彷彿是一股不絕如縷的暗流，使雙方的交流更加融洽。當然，並不是每次交流都很愉快。

在每一次人際接觸時，人們都在不斷傳遞情感的資訊，並以此資訊影響對方。譬如說，同樣一句「謝謝」，因言者情緒的不同，可能會給你憤怒、被忽略、真誠感謝等不同的感受。情緒的感染無處不在，簡直讓人嘆為觀止。

第一章
用微反應解讀情緒密碼，用高 EQ 應對情緒起伏

社交禮儀其實就是在預防情感的不當表達破壞人際關係的和諧。情感的收放是 EQ 的一部分，有些人之所以比較受歡迎或迷人，通常是因為其情感收放自如，讓人樂於與之為伍。善於安撫他人情緒的人更握有豐富的社交資源。

情緒的感染通常是很難察覺到的。專家做過一個簡單的實驗，請兩個實驗參與者分別寫出自己當時的心情，然後請他們相對靜坐等候研究人員的到來。

兩分鐘後，研究人員來了，專家再次請他們寫下自己此刻的心情。請注意，這兩個實驗參與者是經過特別挑選的，一個極善於表達情感，一個則是喜怒不形於色。實驗結果顯示，後者的情緒總是會受到前者的感染，每一次都是如此。

這種神奇的傳遞是如何發生的呢？

人們會在無意識中模仿他人的情感表現，諸如表情、手勢、語調等，從而在心中重塑對方的情緒。這有點像導演要演員回憶產生某種強烈情感時的表情動作，以便重新喚起同樣的情感。

情緒的傳遞通常都是由表情豐富的一方傳遞給較不豐富的一方。有些人特別易於受感染，那是因為他們的自主神經系統非常敏感，因此特別容易動容，看到煽情的影片動輒掉淚，和愉快的人小談片刻便會受到感染。這種人通常也較易產生同情心。

上篇
情緒洞察課—辨識他人情緒，就能掌控局勢

　　所以，人際互動中決定情感步調的人自然居於主導地位，對方的情感狀態將受其擺布。在人際互動中，情感的主導地位通常屬於較善於表達或較有權力的人。通常是主導者比較多話，另一人時常觀察主導者的表情。

　　高明的演說家、政治家或傳道者極擅長帶動觀眾的情緒。誇張地說，他們可以調控對方的情緒於股掌之間，這正是影響力的本質。

　　情緒是可以感染的，憤怒是可以控制的。泰瑞‧道森曾經講過的一個故事就是極佳的例子。

　　早年，道森離開美國去日本東京學習氣功。一天下午，他搭乘地鐵回家，在車上遇到一個酒氣沖天的壯碩男子。

　　這個人一上車就跌跌撞撞，高聲咒罵，把一個懷抱嬰兒的婦女撞得跌倒在地。一對老夫婦嚇得奔逃到車廂另一端。一車人不敢出聲，都很害怕。

　　醉漢失去理智，緊緊抓住車廂正中央的鐵柱子，大吼一聲想將它連根拔起。

　　道森每天練8個小時氣功，體能正處於最佳狀態。他覺得自己應該站出來干預，以免其他乘客無辜受傷。想到這裡，道森霍地站了起來。

　　醉漢一看見他便吼道：「好啊，一個外國佬，教你認識認識日本禮儀！」接著便作勢準備出擊。

　　就在醉漢將動未動之際，突然有人發出一聲洪亮而且愉

第一章
用微反應解讀情緒密碼，用高EQ應對情緒起伏

快的聲音：「嘿！」

那音調中充滿好友久別重逢後的欣喜。醉漢驚奇地轉過身，只見一個年約70歲、身著和服的矮小日本老人滿臉笑容地對他招了招手。老人說：「你過來一下！」

醉漢大踏步地走過去，怒道：「憑什麼要我跟你說話？」

道森目不轉睛地注意著醉漢的動作，準備在情況不對時立刻衝過去。

「你喝的是什麼酒？」老人滿臉笑意地望著醉漢問道。

「我喝清酒，關你什麼事？」醉漢依舊大吼大叫。

「太好了！太好了！」老人熱切地說，「我也喜歡清酒，每天晚上都和太太溫一小瓶清酒，拿到花園，坐在木板凳上……」

接著，老人又說起他家屋後花園的柿子樹，然後愉快地問他：「你一定也有個不錯的老婆吧！」

「不，她過世了……」醉漢哽咽著說起他的悲傷故事，如何失去妻子、家庭和工作，如何感到自慚形穢。

老人鼓勵醉漢把所有的心事都說出來，只見醉漢斜倚在椅子上，頭幾乎埋在老人懷裡。

面對一個憤怒的人，最有效的方式就是轉移他的注意力，對他的感受表現出同情心，進而引導他產生較愉悅的感受。

如果說，安撫他人的痛苦情緒是社交技巧的表現，那麼，妥善對待一個盛怒中的人，就是高EQ的表現。

上篇
情緒洞察課──辨識他人情緒，就能掌控局勢

第二章
一切都呈現在臉上 ──
面部表情是情緒表達的主要途徑

表情與情緒

法國思想家狄德羅曾說：「每一個人心靈的每一個活動都表現在他的臉上，刻劃得非常清晰和明顯。」這句話揭示了人類表情的重要性。通常，我們將眼睛定格在對方臉上的次數比其他任何部位都多，而且我們看到的所有面部變化（例如眉頭緊鎖、眉毛挑起、眼睛睜大、鼻孔張開、嘴唇噘起等）都被認為是富有含義的。

俄國文豪托爾斯泰曾經描寫過85種不同的眼神和97種不同的笑容。可以說，人類的面部是最富表現力的部位，它能表達多種複雜的情緒，如愉快、冷漠、驚奇、誘惑、恐懼、憤怒、悲傷、厭惡、輕蔑、迷惑不解、剛毅果斷等。仔細觀察一個人的表情，我們就可以破譯他的情緒密碼。

專家認為，人的表情非常豐富，我們能夠辨認的大約有

25萬種。所以，表情能全方位地表現人們的情緒不足為奇。問題是，面對如此豐富的表情，要去辨別該從何著手？

◎ 表情變化的時間

觀察表情變化時間的長短是一種辨別情緒的方法。每個表情都有起始時間（表情開始時所花的時間）、停頓時間和消失時間（表情消失時所花的時間）。通常，表情的起始時間和消失時間難以找到固定的標準。例如：一個驚訝的表情如果是真的，那麼它完成的時間可能不到1秒鐘。所以，判斷一個表情的停頓時間更容易一些。

通常情況下，出於自然的表情不會很短暫，有的甚至能持續4～5秒鐘。不過，停頓時間過長的表情也可能是假的，而超過了10秒鐘的表情（除非感情極其強烈），就不一定是真實表現了。因為面部神經非常發達，即使是情緒非常激動，面部表情也難以維持很久。所以說，要判斷一個人的情緒真假，從細微的表情中也能發現痕跡，只是需要人們不斷地進行仔細的觀察。

◎ 變化的面部膚色

通常，人的面部膚色會隨著內心的轉變而變化。因為面部的膚色變化是由自主神經系統造成的，是難以控制和掩飾的。在生活中，常見的面部膚色變化是變紅或者變白。

上篇
情緒洞察課──辨識他人情緒，就能掌控局勢

我們確信，面部表情在表達思想、感覺和情感方面起著非常重要的作用。但是請記住，我們不能單憑某個表情驟下定論，而必須將所有表情串聯在一起進行考量，這樣才能正確掌握對方的內心情感。

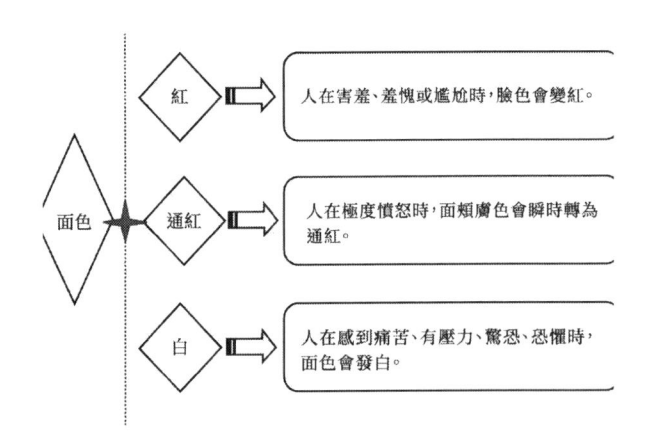

面色
- 紅 → 人在害羞、羞愧或尷尬時，臉色會變紅。
- 通紅 → 人在極度憤怒時，面頰膚色會瞬時轉為通紅。
- 白 → 人在感到痛苦、有壓力、驚恐、恐懼時，面色會發白。

占卜者是如何洞察人心的

從某種角度講，那些占卜者──尤其是那些具有豐富實踐經驗的占卜者，都是善於辨識身體語言的「大師」。不少曾經拜訪過所謂「神運算元」的人在離開後，會這樣想：「太不可思議了！我什麼都沒說，他居然連我家有幾口人，我現在的情緒狀態，以及我曾經有過哪些失敗的經歷都說得分毫不差，真是個『活神仙』啊！」

真的是這樣嗎？非也。雖然你沒有開口告訴占卜者自己

第二章
一切都呈現在臉上－面部表情是情緒表達的主要途徑

的情況，但你的身體語言已經悄悄地把自己的相關情況暗示給了他。比如：看見你嘴角後拉，面頰向上抬，眉毛舒展，眼睛變小，占卜者可以判定你現在肯定處於一種愉快的情緒狀態之中；看見你嘴角下垂，面頰往下拉，眉毛深鎖，占卜者可以判定你現在肯定處於一種不愉快的情緒狀態之中⋯⋯

在為你算命的過程中，占卜者若是看見你的眉毛在上下迅速移動，就知道你很贊同他所說的內容，繼而會沿此思路大吹特吹；如果看見你單眉上揚，他就知道你在懷疑他說的內容了；如果看見你皺起了眉頭，他就知道你不贊同他所說的，於是會馬上按相反的方向為你分析⋯⋯

一份關於占卜術的研究顯示，很多經驗豐富的占卜者都喜歡使用一種名為冷觀解讀的技巧來為自己的客戶算命，其準確率竟然高達 70% 左右。難道透過冷觀解讀技巧真的能知曉一個人的前世今生、福禍安危？研究人員進一步研究發現，事實並非如此。所謂的冷觀解讀，其實就是占卜者在對客戶的身體語言進行仔細觀察、揣摩，憑藉對人性的了解，運用一定的機率知識而做出大概推斷的過程。

令人啼笑皆非的是，不少熟悉冷觀解讀技巧的占卜者並沒有意識到他們能夠解讀他人的身體語言，還以為自己真的擁有一雙能看見一個人前世今生的「天眼」，再加上那些算命的常客總是希望在占卜者那兒求得好運，這就使得「算命」一說更具神祕色彩。

上篇
情緒洞察課──辨識他人情緒，就能掌控局勢

正如一句西方諺語所說，在有心人眼中，再狡猾的狐狸也會露出牠的尾巴。如果你是一個細心的人，同樣也可以看見占卜者露出的「尾巴」。比如：有經驗的占卜者往往會戴上一副大墨鏡，說話的時候總是慢條斯理、欲言又止的樣子。為什麼會這樣？很簡單，戴上墨鏡是為了方便他隨時對客戶進行察言觀色而不被發現；慢條斯理、欲言又止當然是為方便自己根據客戶的「言」和「色」來隨時調整「預言」罷了。

所以，下次如果你還想去「算命」的話，得三思而後行了。因為你的命運不是掌握在占卜者手中，而是掌握在自己手中。

無意識的表情能夠展現出複雜的內心

有一部電影叫做《頂尖對決》，講述了一對夫婦的故事。影片中，當丈夫對妻子說出「我愛妳」時，有的時候說的是真話，有的時候卻是在說謊，而他的妻子總是能夠透過直視丈夫的眼睛看穿丈夫說的是真是假。

不單是成年人，連未成年的小孩都能透過眼神識破媽媽的謊言，讀懂媽媽的真實想法。

6歲的兒子又把遞給他的果汁碰灑了。眼看著果汁從潔白的桌布上小溪般地向下淌，我胸中頓生一股怒氣。但我並沒有對他發火，反而用溫和、平靜的語氣說：「別慌，艾利克

第二章
一切都呈現在臉上—面部表情是情緒表達的主要途徑

斯,我們把它弄乾淨吧!」我頗為得意自己的做法,因為即便是訓練有素的育兒專家,也不過如此冷靜地處理問題吧!

可是,艾利克斯的眼裡依舊溢位淚水。他抽泣著說:「為什麼每次我把事情搞砸,妳都用那種眼神看我?」原來如此!雖然我控制住了嘴,沒說出指責的話,卻忘記了眼神仍在與艾利克斯交流。

從小就有人告訴我們,想知道對方心裡想的是什麼,就盯著對方的眼睛看,確實如此。

除了眼睛,你還可以看看對方整個臉部。人的臉上有40多塊肌肉,它們當中的大部分我們都無法有意識地掌控。這就是說,你的面部表情會無意識地流露出許多資訊。但是,許多人卻無法對這些流露出的資訊進行正確的分析。

我們每個人都有察覺他人情緒的能力,能分辨出別人是高興還是生氣。但是,我們又常常忽視了一些資訊。有些時候,我們知道對方心中有怒火需要發洩,但直到對方情緒爆發,我們才明白他原來是如此怒火中燒!並且,有些時候我們會混淆一些面部表情,比如:把害怕的表情當成驚訝,把入神的表情當成悲傷。

有時候我們會依次產生兩種情感,那麼在這兩種情感的轉換過程中,就會有一個承接兩種情感的階段。比如我們先是驚訝,然後又開始高興,那麼這之間就會呈現出又驚又喜的表情。當經歷一種混雜的感情的時候,比如坐雲霄飛車的

時候,我們會既興奮又害怕,會在無意識中表現出我們想要隱藏的感情。與此同時,我們會有意識地表現出我們想要偽裝出的感情。還有些時候,一個人的面部表情不僅僅會配合我們的談話場景和談話內容,還會被用來評價我們的其他表情,比如當你感到緊張的時候,很可能會擠出一個假笑。

事實上,觀察一個人無意識的表情,不僅能夠知道他此時此刻的情感,還能夠知道他即將產生的情感。這是因為,肌肉的反應比思維的反應更快。利用這一點,你可以在對方尚未感覺到自己的感情之前先他一步做出應對措施。比如當你發現一個人即將發怒的時候,可以提前幫助他控制憤怒情感的爆發,這比起等他發怒後手足無措要好得多吧!

綜上所述,我們在與人交往的過程中要辨別對方的感情,無意識的表情是一項我們可以參考的重要指標。

習慣性皺眉的人

「眉頭」兩個字常和情緒的跌宕起伏聯繫在一起:「才下眉頭,卻上心頭」、「枉把眉頭萬千鎖」、「千愁萬恨兩眉頭」……用到「眉頭」一詞的詩詞,就脫離不了愁字。

當然,皺眉代表的情緒除了憂愁之外,還有希望、詫異、懷疑、疑惑、驚奇、否定、快樂、傲慢、錯愕、憤怒和

第二章
一切都呈現在臉上―面部表情是情緒表達的主要途徑

恐懼等。一般人不會想到，皺眉還和自衛、防衛有關，而帶有侵略性的或一無畏怯的臉，是瞪眼直觀、毫不皺眉的。

相傳，四大美女之首西施天生麗質，連皺眉撫胸的病態都楚楚動人，為鄰女所仿，故有「東施效顰」的典故。在越國國難當頭之際，西施以身許國、忍辱負重，皺眉是情緒的自然反應，也是內心世界恐懼的流露，是帶著防衛心態的。

如果你遇到一個習慣緊皺雙眉的人，要小心翼翼。他表情憂鬱，可能是想逃離目前的境地，卻因某些原因不能如此做。這類人看起來不那麼隨和，多半會有些挑剔，精打細算，直覺敏銳。他們個性務實，辦事認真，不太會大驚小怪，不會放過任何細節。當然，他們遇事會有些猶豫不決。

一家業務公司請兩組受試者到一家超市購物。其中一組只需要四處走走，隨便逛逛。另一組則要在深思熟慮之後，決定買哪一樣東西。在受試者集合之後，大家驚奇地發現，隨便逛逛的那一組更清楚地知道自己想買哪一樣東西。這證明，人在深思熟慮的時候往往眉頭緊鎖，腦子不停地轉，反而更容易猶豫不決。

研究發現，眉毛離大腦很近，最容易被情緒牽引。可以說，眉毛的動作是內心世界變化的外在展現，你可以從皺眉的細節中判斷對方的心理。

上篇
情緒洞察課—辨識他人情緒，就能掌控局勢

◎ 聽你說話時鎖緊雙眉

如果他在你說話的時候鎖緊雙眉，通常表示你的話有些地方引起他的懷疑或困惑。緩慢的語速、真摯的話語往往可以打動他，消除他的疑惑。

◎ 自己說話時緊皺眉頭

這樣的人不是很自信。他希望自己的話不會被你誤解，也渴望你能給他肯定。用更直白的方式詮釋他說過的話，你們的溝通將會更加順暢。

◎ 手指掐著緊皺的眉心

他有點神經質，常猶豫不決，或者後悔自己的決定。遇到這樣的人，你要做好心理準備，與他溝通將是一個長期的過程，需要花費更多的時間和精力來消除他的顧慮。

眼睛會說話

利用眼睛來觀察人的心理，是人類文明的一大發現。孟子就曾說過：「觀其眸子，人焉廋哉！」意思就是說：想要觀察一個人，就要從觀察他的眼睛開始，因為一個人的想法常常會從眼神中流露出來。天真無邪的孩子目光清澈明亮，而心懷不軌的人則眼睛混濁不正。所以，世人常將眼睛比作心

第二章
一切都呈現在臉上—面部表情是情緒表達的主要途徑

靈之窗,在交往中被視作觀察的焦點。

在賭桌上,賭徒們通常都會先用小金額的資金下賭注,並且密切觀察坐莊人的反應。當坐莊人的眼睛瞳孔突然擴大的時候,他們立即緊跟加大籌碼,這樣贏的機率將很大。這也能證明,眼睛的變化同心理活動有著極為密切的關係。

既然眼睛能對映出人內心的感受,那麼,你是否能在看到對方的眼睛時,敏銳地捕捉到他在傳達的情感呢?

◎ **表達吃驚的情緒**

人們在感到吃驚的時候,會把眼睛睜得特別大,露出黑眼珠之上的眼白(見圖 2.1)。再加上一些其他面部變化,例如眉毛抬起且向上彎曲,而下顎下垂、雙唇分開,你就可以完全肯定,這個人正在震驚之中。

圖 2.1 吃驚的眼睛

◎ 表達懷疑的情緒

若你與某人談話時，對方瞇起雙眼、皺起前額，並不住地對你進行打量，那麼他在懷疑你說的話（見圖 2.2）。他希望用眼睛的審視在你身上找到蛛絲馬跡，以肯定自己的判斷。由於這種表情主要表達一種不確定、不認可的態度，所以它也經常出現在某人對某個決定沒有把握的時候。

圖 2.2　懷疑的眼睛

◎ 表達憤怒的情緒

當某個人直接盯著另一個人，顯示出緊張的眼部狀態時，他的上下眼皮也會很緊張，眼睛瞇成一條縫（見圖2.3）。他用眼睛盯著別人，用以宣洩內心的感受，甚至達到嚇唬對方或威脅對方的目的。

第二章
一切都呈現在臉上—面部表情是情緒表達的主要途徑

圖 2.3　憤怒的眼睛

◎ 表達恐懼的情緒

一個人內心感到恐懼時，眼睛會直愣愣地大睜著，好像要把那預示著危險迫近的最細微的變化都看個一清二楚（見圖 2.4）。這種狀態下，發出動作者的下眼皮很緊張，但和吃驚的情緒不同的是，感到恐懼者的眉毛會抬起並鎖在一起。

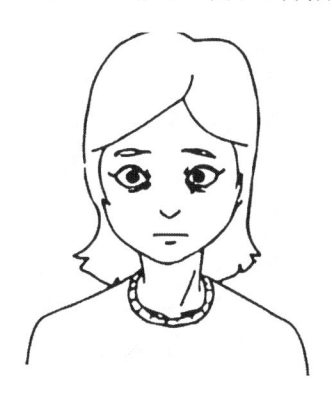

圖 2.4　恐懼的眼睛

上篇
情緒洞察課─辨識他人情緒,就能掌控局勢

四目交接超過五秒,說謊指數 100%

人們往往相信,當一個人說謊時,會因為心虛而不敢正視對方的眼睛,而將自己的視線移向一邊。那麼我們是否可以就此認定,一個人只要勇於直視對方的眼睛,就一定沒有對對方撒謊呢?暫不回答這個問題,一起來看心理學家下面這個實驗。

實驗中,心理學家把參加實驗的人員分為甲乙兩組,並讓甲組的人對乙組的撒謊。同時,心理學家還要求甲組中 85% 的人在撒謊時一定要看著對方的眼睛。隨後,心理學家把撒謊過程進行了錄影。錄影完畢後,心理學家來到一家電視臺做了一期「你能辨識哪些人在撒謊」的談話節目。讓臺下觀眾看完錄影後,心理學家便開始讓他們來辨識哪些人在撒謊,並讓他們說明各自的理由。

結果,很多觀眾都中了心理學家的「圈套」。在那些撒謊時注視對方眼睛的「騙子」中,有 95% 的人沒有被觀眾識破。觀眾認為那些「騙子」在實話實說,因為「騙子」們在說話時勇於注視對方的眼睛。而在那些事先沒有被心理學家叮囑過撒謊時要注視對方眼睛的「騙子」中,有 80% 的人都被觀眾識破了。可見,「注視對方的眼睛」正是說謊者用來偽裝的有力道具之一。

第二章
一切都呈現在臉上—面部表情是情緒表達的主要途徑

由此，我們也就可以回答文章提出的問題了。長久以來，頻繁地眨眼、不敢對視等都被認為是說謊的訊號。這些看法有道理，但是由於大多數人都這麼想，所以很多人在說謊時就利用了這種心理，故意盯著對方的眼睛，顯得那麼從容不迫、遊刃有餘，以此表明自己沒有撒謊。

視線的轉移確實會顯露出一個人的情感狀態。例如悲傷時，我們的眼睛會向下看；羞愧時，我們會低下頭；如果不同意對方的觀點，則會直接把視線從對方身上移開。但說謊的人絕不會這麼做，因為他們害怕被你看穿。

一整天，男朋友的手機都處於關機狀態，小潔很著急。第二天見面時，小潔裝作很隨意地問男朋友：「昨天是怎麼了，一整天都關機？」男朋友為了掩蓋自己的緊張，認真地看著小潔說：「哦，昨天手機沒電，自動關機了，我還不知道呢，晚上想打電話給妳才發現的。」男友說話時一直看著自己的眼睛，一副坦誠認真的樣子，但小潔還是覺察到了異樣。

說謊者的騙術固然高明，但也不是完全沒有破綻，因為這種「盯」和自然的凝視是不同的。仔細觀察就會發現，這種「盯」很不自然。如果兩個人在進行正常的交談，的確會有頻繁的眼神交流，特別是非常專注、相談甚歡的情況下，眼神交流的頻率會增加。但正常情況下，一方把視線放在另一方身上的時間平均每次只有三秒鐘，而兩個人真正四目相接的

時間長度平均每次只有一秒鐘，只有深情對望的情侶才會超過五秒。因此，如果對方「用力」地看著你的眼睛，刻意延長和你對望的時間（超過五秒鐘），那就是他企圖掩蓋謊言的表現。這個時候說的話，100% 不能信。

游移的視線暴露內心的不安

在日常生活中，當你看到一個眼神閃爍不定、東張西望的人時，會感到他憂心忡忡，甚至會覺得他心中可能隱藏著什麼事，或者是做了虧心事。這種擔心是有科學根據的。就心理學而言，游移的視線往往暗示著內心的不安。

主持人挑戰賽第九場，挑戰者正進行電視演講。觀眾發現 2 號挑戰者的眼神左右游移，這使得他像在東張西望一樣。這種動作和表情引起了觀眾的反感。事後，記者對他進行了採訪，他說：「太緊張了，心裡很不安，眼睛有點不知道往哪裡看了。」

挑戰者在演播廳舉動失常，是因為他內心很緊張、不安，又想和觀眾保持眼神交流，所以不停地轉換視線，以求跟更多人視線交錯。但他的動作由電視訊號傳遞出去，場外的電視觀眾就會認為他的眼神很不規矩，東張西望的神情也令人生厭。

第二章
一切都呈現在臉上－面部表情是情緒表達的主要途徑

視線是內心活動的反映。如果遇到東張西望的人，你應該多留意一下他的視線變化，或許能從中了解到更為真實的東西。要知道，東張西望所透露出來的內心獨白是：「外部環境很陌生，我需要認清它並找到安全逃跑路線。」如果你不相信，可以看看動物的反應。當被帶到一個陌生的環境中時，很多動物會上下左右四處掃視，而且環視的動作相當明顯，甚至伴有頭部轉動的動作。而一旦受到驚嚇，牠們會立刻循著自己剛剛鎖定的路線奔逃，一刻也不遲疑。這證明牠們在東張西望時就已經安排好了逃跑路線。人類在新環境中的環視動作比動物隱蔽得多，但攝影機還是能記錄下這些不安的眼神。所以，東張西望的神情是人們對於眼前的人或事缺乏安全感的表現。

游移的視線在很多時候是內心不安的表現。在這裡，我們不應忽略一個更為特殊的群體。在醫學上，這些人被稱為「視線恐懼症」患者。他們在與別人發生視線接觸後，往往會立即轉移自己的視線，因為他們覺得對方的眼光過於強烈。他們的眼睛不由自主地東張西望，這讓他們感覺非常不舒服。與此同時，他們的心理也處於一種矛盾的狀態之中。一方面，他們想如果與對方進行對視，會不會使對方感到不快；另一方面，他們又想自己若是進行視線轉移，對方會不會看透自己的心理。在這種進退兩難的矛盾狀態之中，他們越是焦急不安，眼神就愈加左右游移，不安的心理情緒就越

強烈。一般來說，這些人之所以會產生「視線恐懼症」，歸根結柢，是因為缺乏自信心。他們往往是透過別人眼中的自己來認識和確認自己的存在與價值。

生活中，不同的視線可以傳達不同的資訊。例如：黑眼珠偏到一旁，同時眉毛壓低、眉頭緊皺或者嘴角下拉，這代表著一種猜疑或者批判的態度。你在公司會議上發表見解時，如果發現老闆和同事大多用這樣的視線來看你，就得警醒了。他們可能是對你本身有意見，或者對你的說話內容表示不屑。不管是哪一種，你的主張都沒有辦法打動別人。而女人們通常喜歡用這種視線表達感興趣的意思。如果在眼珠偏向一旁的同時，眉毛微微上揚或者面帶笑容，則是很感興趣的表現。

眼睛這扇窗時刻都在向外界傳達著內心世界的種種資訊。下次，當你看到有人不停地左顧右盼、目光游移，就可以斷定，他的目光是在告訴大家他「內心不安」或「心懷不軌」。

鼻子透露出的喜怒哀樂

有位研究身體語言的學者，為了弄清鼻子的「表情」問題，專門做了一次觀察「鼻語」的旅行。他在車站、碼頭、機場等不同的地方觀察。他旅行觀察了一個星期，得出以下兩方面的結論：

第二章
一切都呈現在臉上─面部表情是情緒表達的主要途徑

第一，在旅途中，人的身體語言最為豐富。因為各個地區、各種年齡、不同性別、各種性格的人都匯集在一起，都是陌生人，語言交流很少，心理活動很多。所以，大量的心理狀態都表現於身體語言。正如那位研究者所說：「旅途是身體語言的實驗室。」

第二，人的鼻子是會動的。據他觀察，在有異味或者香味刺激時，鼻孔會有明顯的動作；嚴重時，整個鼻體會微微地顫動，接下來往往就會出現「打噴嚏」現象。他還認為，這些動作都是在傳達資訊。

此外，據他觀察，凡高鼻梁的人，多少都有某種優越感，表現出「挺著鼻梁」的傲慢態度。關於這一點，有些影視界的女明星表現得最為突出。他說，在旅途中，與這類「挺著鼻梁」的人打交道，比跟低鼻梁的人打交道要稍難一些。

這次觀察對於身體語言學來說可能是個不小的貢獻。

一位日本整容醫生說：「一旦接受了隆鼻手術，以往性格內向者，常會搖身一變成為倔強之人。」

一本小說中有一段關於鼻子動作的描寫。書中的男主角看到一位漂亮的小姐，為了表現出與眾不同的吸菸法，向空中吐著煙圈，然後煙圈飄向那位小姐。小姐沒說什麼，只是伸手摀了一下鼻子。男主角便問道：「妳討厭煙味嗎？」那位小姐沒有回答他，只是繼續摀著鼻子。其實，那位小姐用手

捂著鼻子,好像在努力將難聞的氣味關在外面,表達的正是討厭的情緒。遺憾的是,男主角竟然沒有看出來,反而去問一個不該問的問題。這樣做自然要碰釘子。

如果某個人不相信或不喜歡另一個人所說的內容,可能會做出這個動作——抽動肌肉,鼻子斜向一邊,就好像要讓鼻子遠離令人討厭的氣味一樣。這跟用手捂鼻子一樣,表達的都是反感情緒。

在旅途中,碰到做出下列動作的人,要盡量少與之打交道。譬如:請他人幫助做某件事情時,如果對方用手摸鼻子,或是鼻子斜向一邊,抑或是仰著臉,用鼻孔對著你「看」,那麼,可以斷定,對方接受請求的可能性不大。

因此,跟討厭的人交談時,如果想盡快結束無謂的話題,不妨用手多次摸鼻子,不停地變換姿勢,或用手拍打物體等,將你的意圖傳達給對方。

四個洩漏玄機的嘴部小動作

在商務交涉中,對手所說的話未必都是真實的,但他們的嘴部動作卻很「坦誠」。因為,根據身體語言學家的觀察,嘴有極強的表現力,它的動作常常能讓謊言不攻自破,把人的心緒全面暴露出來。

第二章
一切都呈現在臉上－面部表情是情緒表達的主要途徑

◎ 咬住嘴唇

談判中,如果對方經常咬住自己的嘴唇,就是一種自我懷疑和缺乏自信的表現。因為在生活中,人們遇到挫折時容易咬住嘴唇。若在談判中看到這樣的動作,則說明對方已經開始認輸,內心開始妥協退讓了。

◎ 抿著嘴唇

談判中,如果看到對方抿著嘴唇,則說明他內心主意已定,是有備而來,絕對不會輕易退讓。如果對方目光不與你接觸,則說明他內心有祕密不能洩漏,抿著嘴巴,是怕自己洩漏資訊。

◎ 嘴向上噘起

這個動作是一種表達異議的方式,說明對方對你提出的建議很不滿。小孩子猜到父母在哄騙自己時,就容易做出這樣的動作。成年人在商務場合做出這種動作就像在說:「哄小孩子呢,我可不滿意。」這時他們通常不會答應任何條件,而是等著對方調整策略。

◎ 嘴不自覺地張開

對方做出這樣的動作,顯示出倦怠或者懶散的樣子,說明他對自己所處的環境感到厭倦或者不肯定,抑或對討論的話題還摸不到頭緒,缺乏足夠的自信來應付。

上篇
情緒洞察課──辨識他人情緒，就能掌控局勢

談判場如博弈場，關注對方的嘴部變化，也能發掘其心中祕密。

面帶微笑的人想拉近和你的距離

有位著名作家曾說過這樣一句話：「你向對方微笑，對方通常也會對你報以微笑，即使你們雙方的微笑都是假的。任何微笑都是可以傳播的。」事實確實是如此。相比那些嘴角朝下的人，你一定更願意與面帶微笑的陌生人接觸吧。他能對著你微笑，就表明他想和你拉近距離。所以有人說，微笑是能「傳染」的。

那麼微笑真的能傳播嗎？是什麼原因導致微笑能在人與人之間傳播的呢？這主要是由人不自覺的模仿意識所致。在人的大腦中，有一種特殊的「模仿神經」，它會自動引導腦部負責辨認他人面部表情的部分，從而使人立即產生模仿他人各種表情的反應。這就是說，無論我們是否意識到，大腦的「模仿神經」都會引導我們不由自主地去模仿我們所看到的他人的各種面部表情。

一位瑞典心理學家的實驗也證明了這一點。實驗中，心理學家使用了一種可以從人體肌肉中獲得電流訊號的儀器對 100 名志願者進行測量，測驗他們在觀看不同圖片時的反應。在這些圖片中，有些是人憤怒時的表情，有些是人哭泣

第二章
一切都呈現在臉上－面部表情是情緒表達的主要途徑

時的表情，也有些是人高興時的表情。

在觀看這些圖片之前，心理學家向志願者提出了這樣一個要求：在第一次逐一觀看這些圖片的時候，每個人必須做出相同的表情；在進行第二次觀看的時候，每個人必須做出與圖片中截然相反的表情。比如：如果你看到的是微笑的表情，就必須做出哭泣的表情；如果你看到的是憤怒的表情，就必須做出高興的表情。隨後，心理學家便要求志願者按照他的要求觀看圖片。

結果顯示，志願者都能輕鬆自如地做出與圖片上一樣的表情。但是當做出與圖片中截然相反的表情時，很多人都遇到了麻煩。雖然他們都力圖控制自己的面部反應，使之表現出與圖片上截然相反的表情，但是很多人都會不由自主地模仿自己所看到的表情。尤其是看見圖片上的微笑表情時，幾乎每個人都不能做出哭的表情。相反，他們都不由自主地做出了和圖片上一樣的表情──微笑。

由此，我們就能理解那些有豐富談判經驗的專家在「劍拔弩張」的談判桌上，為什麼總會在談判前對對手滿臉笑容。他們知道微笑能傳播。對對手微笑，對手也會相應地對他報以微笑。如此一來，雙方便能給彼此一個好的印象，距離自然也拉近了，瀰漫在彼此間的緊張氣氛也會隨之大大減弱，這有利於雙方談判的成功。

上篇
情緒洞察課—辨識他人情緒，就能掌控局勢

真正的假笑是「嘴笑眼不笑」

謊言往往伴隨著虛假的笑容。笑容具有極強的感染力，也有極大的欺騙性。虛假的笑容有時甚至比惡語相向更有殺傷力，因為它戴著善意的面具。但是，我們可以透過對方臉上的細節來辨識虛假的笑容。

真正的笑容能夠讓整張臉都亮起來。如果只是嘴角動了動，嘴巴緊閉，眼睛周圍的輪匝肌沒有收縮，這就是假笑，也就是所謂的「皮笑肉不笑」。假笑時面頰的肌肉鬆弛，眼睛不會瞇起。狡猾的撒謊者將顴骨部位的肌肉層層皺起來以彌補這些缺憾，這一動作會影響到眼輪匝肌和面頰，並能使眼睛瞇起，從而使笑容看起來更加真實可信。當一個人露出發自真心的燦爛笑容時，眼角和嘴角都會出現細細的紋路。

要知道為什麼臉部紋路成為區別真笑與假笑的特徵之一，就要先知道關於笑容背後的科學。人的笑容是由兩套肌肉組織控制的：以顴肌為主的肌肉組織可以控制嘴巴的動作，使嘴巴微咧，露出牙齒，面頰提升，然後再將笑容扯到眼角上；而眼輪匝肌可以透過收縮眼部周圍的肌肉，使眼睛變小，眼角出現皺褶。

我們的意識可以控制以顴肌為主的肌肉組織，也就是說，我們自己可以命令這部分肌肉運作，即便沒有感覺到愉

第二章
一切都呈現在臉上—面部表情是情緒表達的主要途徑

快,也能製造出嘴部的笑容。而眼輪匝肌的收縮卻是完全獨立於我們意識之外的,我們不能自主地控制。只有內心真正的愉悅才能激發它的運作。所以在一張不真誠的笑臉上,細紋只會出現在嘴的四周,而眼周的肌肉不會聽任操控,即所謂的「嘴笑眼不笑」。

此外,假笑時,面孔兩邊的表情常常會有些許的不對稱。習慣於用右手的人,假笑時左嘴角挑得更高;習慣於用左手的人,右嘴角挑得更高。而真實的笑容,兩邊的嘴角都會最大限度地抬起,而且從來不會不對稱。

笑容持續的時間長短也可以做判斷的依據:假笑保持的時間特別長;真實的微笑持續的時間只能在兩秒到四秒之間,其時間長短主要取決於感情的強烈程度。而假笑則不同,它就像宴會後仍不肯離去的客人一樣讓人感到彆扭。這是因為假笑是刻意偽裝的,發出者不知道應該什麼時候收起笑容,無意中延長了笑容持續的時間,露出了破綻。而且,假笑常常可以在很短的時間裡被「堆」出來,而真實的笑容往往需要更長的時間才能展現。

總之,如果一個人不想暴露內心的真實感受,可能會戴上「我很快樂」的面具。你只需記住,不是發自內心的笑容,是不會在臉上完全綻開的。

上篇
情緒洞察課─辨識他人情緒，就能掌控局勢

下巴形狀揭示你的性格

　　下巴不僅可以用來發聲和咀嚼，透過對它進行觀察，我們還能知道一個人的個性如何。

　　如果一個人的下巴呈半圓形或是橢圓形，看起來寬厚、渾圓，那麼他多半為人比較和善，性格忠厚踏實，做事積極賣力。如果男人長有圓下巴，那麼他一定是個性格開朗、樂於助人的人，會是一個很好的朋友。女人如果長有這種下巴，則比較善解人意，並且家庭觀念很強，成家之後，會是個賢妻良母。

　　通常來說，圓下巴的人一般都能擁有美滿的婚姻生活。在與人相處中，由於他們性格溫和，能給身邊的朋友帶來安全感，容易得到朋友的信任。

　　如果一個人下巴呈方形，下巴底部有左右兩個稜角，那麼，他多半是天生的行動派，個性剛毅果斷，一旦有了想法，就會立刻展開行動，並有一種不達目的不罷休的堅韌精神。此外，方下巴的人還是理想主義者，有時他們明知這麼做會對自己不利，仍然會付諸行動。如果能夠取得成功，他們會認為是理所當然；如果以失敗告終，他們則會一反常態，容易做出一些極端的帶有破壞性的舉動。

　　方下巴的人有強烈的進取心，容易在所從事領域獲得成

第二章
一切都呈現在臉上—面部表情是情緒表達的主要途徑

功。這種個性表現在愛情上則是:對於自己中意的人會鍥而不捨,即使遇到阻礙,也會想盡辦法排除萬難,努力追求。

下巴比較尖的人,通常性格比較活潑開朗,討人喜歡;但也比較爭強好勝,自尊心很強,也很怕被人欺騙。如果不小心得罪這類人,很可能會招致記恨。下巴尖且短的人,個性善變、急躁,做事常常欠缺周密的思慮,缺乏計畫與耐力,喜歡提出一大堆問題與構想,但是事後卻無力完成。尖下巴的人喜歡把愛情理想化,並且有較高的審美標準。

觀察下巴可以幫助我們辨識一個人的性格。與下巴比較圓的人做朋友或是做戀人,會讓你的工作或生活更加輕鬆,你可以得到他們慷慨的幫助。和下巴比較尖的人來往,可以讓他們幫助你提高自己的審美能力。

上篇
情緒洞察課─辨識他人情緒,就能掌控局勢

第三章
最誠實的手和腳 ——
肢體動作是情緒的直觀反映

姿勢與動作,袒露心跡的兩大途徑

「身體語言」這個詞語的提出,象徵著人們對另一個語言體系進行正式研究的開始,也代表了人類對自身探索的進一步加深。

人們無法想到,在幾千年的演化歷程中,一些因外界刺激而引起的不經意的身體動作,會演變成一門用來進行資訊溝通的學問。當我們稱這些為身體語言時,同時就承認了,在人們舉手投足間,隱含著未說出口的話或沒有完全表達出的意思。

這些「無聲的語言」透過各種身體語言展現出來。人們雖可以在語言上偽裝自己,但身體語言卻能「出賣」他們的心境。因此,身體語言不但成為解譯體語的密碼,而且成為人們準確地認識自己和他人的工具。

第三章
最誠實的手和腳—肢體動作是情緒的直觀反映

儘管人類在原始社會的時候就開始採用一些身體訊號來進行交流，但直至 20 世紀，身體語言才引起學者的注意，且至今沒有形成系統性的非語言溝通理論。對這個熟悉而又陌生的話題，人們應當重新認識，將其良好地運用於生活和商務活動中。

在這個世界上，所有的動物都會做動作。對於具有發達的大腦、使用著高級思維的人來說，做出動作更是簡單至極。但我們對動作的了解卻少之又少。兩個簡單的問題就可以難住很多人 —— 人類的動作有多少種？有哪些是先天就會的？

除了動作外，姿勢也很重要，它指的是身體呈現的樣子，也可以向人們傳遞某種資訊。從某種意義上說，姿勢也是動作，是一種能夠向對方發出視覺訊號的動作。而姿勢的種類也可分為四種，如下表所示。

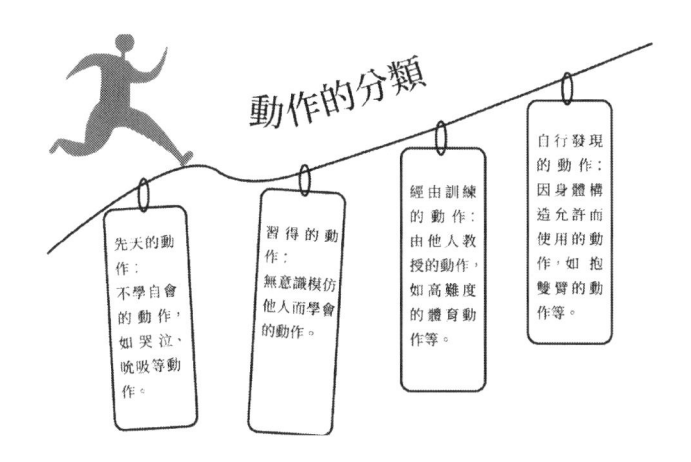

動作的分類

- 先天的動作：不學自會的動作，如哭泣、呼吸等動作。
- 習得的動作：無意識模仿他人而學會的動作。
- 經由訓練的動作：由他人教授的動作，如高難度的體育動作等。
- 自行發現的動作：因身體構造允許而使用的動作，如抱雙臂的動作等。

上篇
情緒洞察課─辨識他人情緒，就能掌控局勢

姿勢的種類			
從屬姿勢	表現姿勢	模仿姿勢	技術姿勢
無社交意義，是身體的從屬動作，如用手托著頭休息等。	社交中一種表現情緒的重要訊號，如做鬼臉等。	模仿他人舉止，有特定的社交意義，如演員扮演將軍等。	具有專業含義的姿勢，如交警使用的姿勢等。

人的每一個姿勢就像語言中的一個詞語。
為了讓人理解一種語言，我們必須將詞語構造為句子或者段落。
只有這樣，才能表達完整的思想。
因此，弄清楚一組姿勢是否和語言和諧一致需要花費一定的時間。
同樣的道理，透過辨識不協調的動作來否定你聽到的語言，
也需要經過不斷的練習。

觀察一個人時，你首先要考慮其所有的言語和姿勢，然後從中篩選出主要資訊，形成完整的句子和段落，最後得出結論。不要只考慮他說的某一句話或者表面上做出的某一個動作。所以，為確保判斷正確，你需要觀察他做出的一系列行為。這就好比聽人說話要聽完整，而不僅僅聽某個詞語或句子，才能明白他要表達的意思。

比如：你正在和一個看上去能力非凡、自信滿滿且學識淵博的人交談，突然間你發現他發出了極為不協調的笑聲，這一舉動基本上推翻了你對他的第一印象。不僅如此，他的手臂、腿部還出現了緊張的動作，整個身體也像是在逃避一種不愉快的處境而不斷變動著。你由此斷定，他並非你第一眼所感覺到的那樣，是一個有能力、很自信且學識淵博的

第三章
最誠實的手和腳—肢體動作是情緒的直觀反映

人。可是,你是否想過,也許是你剛剛說的某句話或做出的某個動作讓他不舒服或感到緊張。因此,在觀察一個人時,你還必須意識到自己的言語或行為是如何被他人感知的,以便更加完整地理解對方的行為。

在觀察某個特定的姿勢時,請注意對方同時做出的其他表達相似意義的行為,以互相印證。例如:一個業務員在非常熱心地推銷產品時,可能會採用一整套協調的動作(姿態簇):淺坐在椅子的邊緣,雙腳分開,腳尖向前,手部置於桌面,身體向前傾靠。了解姿態的一致性就像安裝了一種監視系統,透過它可以發現一個人的態度和行為的意義。這種意識會驅使你進一步觀察下去,從而避免僅憑粗略的觀察就得出結論。換言之,這種意識在一定程度上能夠控制你的行為。

我們還發現,單一行為背後有多少種意義取決於有多少人對這一行為進行解讀。因此,你必須記住,一個姿勢僅表示一條非語言提示,而整個身體發出的資訊才是重點。如果我們把對單一姿態的專注轉為對姿態簇的鑽研,將發現它們是密不可分的,也更加容易理解。這會幫助你更好地了解他人內心的想法,換句話說,能幫助你更有效地與他人交流和溝通。

上篇
情緒洞察課─辨識他人情緒,就能掌控局勢

隨年齡變化的身體語言

身體語言是人們的四肢運動引起的,它可以在人們的交流過程中傳遞許多資訊。例如:握手是向人展示友善,目光接觸是表示願意與人進一步交流,小心翼翼地坐著代表焦慮和緊張等。這些動作,都在向外界傳遞資訊。

身體語言並非一成不變,它在一個人不同的成長時期會展現出不同的特點。現實中,能敏銳感覺到這些變化的人並不多。因為要破譯話語和肢體語言中的真假資訊,是需要一種能力的。這種能力通常被稱為「感知能力」。只有那些感知能力強的人,才能更準確地理解他人身體動作中的資訊。

生活中,身體語言會隨著年齡的增長而變化。

例如:嬰兒時期的吸奶動作,在兒童時期變為咬手指,在青少年時期變為咬筆頭或咬指甲,而在成年後則變為嚼口香糖、叼濾嘴或雪茄。再如,幼兒可能只會舉舉手,或是用手指一下對方來表示不滿或恐嚇;而到了兒童時期,他就能做出實實在在的揮舞拳頭的動作。

將身體語言隨年齡的變化而漸趨成熟和隱祕化、複雜化的特點展現得淋漓盡致的當屬撒謊這一舉動。撒謊其實是一件非常困難的事情。因為人的大腦似乎裝有保全系統,當它接收到一些前後矛盾的非語言資訊時,就會把這方面的偏差

第三章
最誠實的手和腳—肢體動作是情緒的直觀反映

自動記錄下來,並透過身體語言表現出來,讓對方覺得他沒有講真話。

所以,小孩向老師或父母說完謊話後,會迅速地用一隻手或雙手捂住自己的嘴巴,表露自己的心虛和害怕(見圖3.1)。殊不知,這正是因為大腦接收到了前後矛盾的非語言資訊,將這方面的偏差自動記錄了下來,並透過捂嘴這一姿勢表現了出來,從而引起了老師和父母的警覺,使他們知道孩子在撒謊。

圖3.1 捂嘴巴的小孩

十幾歲的孩子在說完謊話後,不再直接用手去捂嘴,而會僅用手指輕碰一下嘴唇。這樣,家人就很難知道孩子是否在撒謊。而成年人在撒謊後,可能會下意識地告訴自己千萬不能用手去捂嘴或是觸碰嘴唇,不然謊言就會被揭穿。但大腦的保全系統還是不由自主地讓他去做捂嘴的動作。只不過

在最後時刻,他注意到了自己這個掩飾謊言的動作,隨即把手從唇旁挪開,做出摸鼻子的姿勢(見圖3.2)。其實,這個姿勢和小孩捂嘴的姿勢一樣,只不過更隱蔽一些罷了。

圖3.2　摸鼻子的成人

上面的例子說明,儘管人們在面臨同樣的情況時,大腦會給出同樣的指示,但隨著年歲的增長,這些動作將變得更為隱蔽,讓人難以捉摸。這也就是為什麼研究成年人的身體語言要比研究兒童的身體語言複雜得多的原因。

一般來說,女性的第六感往往要比男性敏銳得多。例如:當丈夫向自己的妻子撒謊時,不管他的謊言如何完美,如何天衣無縫,妻子輕輕一句「你在撒謊」,便可讓丈夫所有的謊言原形畢露;而大多數妻子則常可以矇蔽丈夫的眼睛,矇混過關。所以,我們常常會聽見男性說,女人的第六感太神奇

第三章
最誠實的手和腳―肢體動作是情緒的直觀反映

了。的確,女人似乎天生就有一種「測謊」能力,有一雙「火眼金睛」,能夠捕捉各種細微的、轉瞬即逝的非語言暗示,並在大腦中將這些暗示和語言訊號加以分析比較,進而做出較為正確的判斷。

有趣的是,女人也不清楚自己為什麼具有這種超常能力。因而當丈夫問她為什麼知道自己在撒謊時,她會笑著說道:「我也不知道為什麼,但第六感告訴我,你就是在撒謊。」在育有兒女後,這種準確破譯身體語言的能力在女性身上的表現更加突出,因為在育兒的頭幾年裡,母親多要靠非語言的管道來和自己的孩子交流。

因此,企圖對女性撒謊的人要注意了,最好趕緊打消那種念頭。因為女性有一種特別的「測謊器」――第六感,它會戳穿你所有的謊言,了解到你的真實想法。

此外,語言學家的研究顯示,一個人的身體語言還和他的社會地位、擁有的權力或受教育程度密切相關。一般來說,一個人社會地位越高、擁有的權力越大,或是受教育的程度越高,他掌握的詞彙量就越大,運用語言的能力就越好,能夠更清楚地表達出自己的意思;而一個社會地位較低、受教育程度較低的人則更多地依賴身體的動作來做補充。

上篇
情緒洞察課―辨識他人情緒，就能掌控局勢

輕易點頭也許是想拒絕請求

在很多時候，點頭並不表示同意，而輕易點頭更有可能是一種無聲的拒絕。輕易點頭所表現出來的是一種無可奈何的心態，明明心中很不耐煩，然而礙於面子或者某種特殊情況，不得已而做出點頭的動作。而實際上，它是一種拒絕的表現。

你向別人提出一個請求，對方還沒聽完就頻頻點頭說：「知道了。」千萬別急著高興，他多半並沒有真正想幫助你。這很明顯是一種應付式的回應，其真實含義為含糊地拒絕。

一位保險業務員對此深有體會。他說：「我向人推銷保險時，如果話未說完，對方就點頭說：『好吧，我們考慮考慮再給你答覆。』其實這說明他對我的話並不感興趣，已經不耐煩了。這時我要做的是改變話題，或者另找時間。」

當一個對你的性格、目的所知不多的人，對你的請求顯示出「聞一知十」的態度，通常是不想讓你繼續說下去。

當我們打算接受一個人的請求時，總會耐心地聽他講完，然後決定怎樣做。所以出現上述情況的原因就是，他要麼不願意接受，但是出於禮貌沒有直接拒絕你；要麼就是沒有耐心去了解你的意思，用點頭的方式來表示自己聽懂了。

小凱出軌了。每次妻子晶晶一哭二鬧三上吊的時候，小凱都會不住地點頭說：「好好好，我不再和她來往了。」答應

第三章
最誠實的手和腳－肢體動作是情緒的直觀反映

歸答應,小凱和第三者的聯絡從未斷過。晶晶每次都和閨蜜哭訴:「他明明答應的,明明答應的……」

從這個例子可以看出,當你看到對方輕易點頭並表示答應時,不要被表象迷惑,其實有時候這只是一種敷衍。這時候你要知道,你的目的沒有達到,不能在這一棵樹上吊死了,應該尋找更有效的方式或者解決辦法了。

手勢是第二張嘴巴

人類從原始社會就開始用手製造和使用工具,成為世界的主宰者。而隨著新事物、新思想的不斷出現,人們為了更好地表達自己的意思,學會了利用手來做輔助,因為很多人發現僅僅依靠嘴來進行交流顯得力不從心。所以在社交中,手勢已經成為重要的一部分。同時,這些手勢除了表面的含義外,還隱含了更多的意思。

在交談時,人們總會把雙手置於身前,並且伴有一定的手部動作(很少有人呆直地站著)。手勢對言語有著說明和補充的作用,甚至可以發揮獨立有效的作用。因此,在身體語言中,手勢十分重要,幾乎任何日常活動都離不開手勢。人們的種種心理透過千姿百態的手勢展現出來。有時,手勢甚至比言語更能傳達說話者的心思。

上篇
情緒洞察課—辨識他人情緒，就能掌控局勢

◎ **對他人豎起大拇指**

大家都使用過這樣的手勢，它的一個很重要的含義就是表示對他人的稱讚，可理解為「好」、「很棒」、「第一」、「厲害」等。在生活中，當我們真誠地讚賞他人時，還應當配合其他非語言的訊號，例如面帶微笑。這樣就能更好地傳達自己的意思。

此外，在美國、南非等地，豎起大拇指還有要搭便車的含義。經常可以看到有旅行者向道路上的車輛做出這樣的手勢，看是否有機會搭便車。不過，在義大利、希臘等國家，豎起大拇指的含義則帶有侮辱的性質，相當於說：「你吃飽了撐的！」

◎ **食指彎曲與拇指相接觸，其餘三指張開**

這個手勢表示「OK」，是很好的意思。它最早被美國人頻繁使用，如今已是我們經常使用的手勢。但在不同國家，這個手勢有著不同的含義。例如：在日本，這個手勢和金錢有關。向日本人做這個手勢，可能會被誤解為索要賄賂。在地中海地區，這個肢體語言也和其本意差距甚遠，當地人常用這個手勢暗示某人是同性戀。

◎ **伸出食指與中指，其他手指蜷曲**

這個手勢在手心向外的時候，被我們熟知的含義是表示「勝利」。而在受到英國文化薰染的地區，它也常常用於表示「舉起雙手或者抬起頭」。但這個手勢在手心向內的時候，就

第三章
最誠實的手和腳─肢體動作是情緒的直觀反映

是一種侮辱性的表達，近似於「去你的」。不過，在歐洲的某些地方，手心向內時也沒有其他含義，僅僅表示數字2。

◎ **翹起食指和小指，其他三個手指握在一起**

這個手勢的起源在美國有兩種說法。一說因為小布希很喜歡德克薩斯州的長角牛足球隊，常使用這個姿勢表示支持。另一說是，它是搖滾音樂迷的手勢，指「繼續搖滾」；而德州大學運動隊的啦啦隊習慣用這一手勢為隊員加油，表示「出色、極好」。在美國，若要稱讚某人很棒，你便可以使用這個手勢。有意思的是，這個手勢在義大利有著截然不同的含義，指「戴綠帽子的男人」。

◎ **緊握手指，呈拳頭狀**

緊握的拳頭是力量的展現。在搏鬥中，拳頭可用於進攻與防守。如果在生活中運用這種手勢，則是在向他人展示「我是有力量的」，是一種示威和挑釁的動作。

若將這個手勢恰當地運用於演講或談話，除了能讓話語富於感召力之外，還能讓聽者感到發言者很自信，值得信賴和依靠。

◎ **托盤式手勢**

女性面對心儀的對象時，經常會做出托盤式手勢 ── 雙肘支撐在桌上，兩隻手搭在一起，把下巴放在雙手上。女性

通常藉助這一手勢來吸引男性的注意力。假如對面的男子頗讓自己心動，女性常常把自己的雙手當成托盤，把自己的臉當成精美的工藝品，希望對方能細細品味。

婚姻中的女性並不經常做出這個動作，但是結婚紀念日可能會成為例外。夫妻二人共進燭光晚餐，妻子在丈夫對過往的回憶中，找到了戀愛時的感覺。他似乎又變作那個當年讓她仰慕的男子了，所以她情不自禁地擺出了托盤式的手勢，告訴對方：「你讓我很有興趣，我在仔細傾聽你的話。」

托盤式的手勢除了表示對對方的人或者談話內容感興趣，還可以表達恭順之意。女性做出這個姿勢時，突出了自己柔和的面部線條，由此展現的女性特質會讓異性格外注意。而如果你身處工作場合，面對談判對手，那麼這樣的姿勢就會讓你處在弱勢。

除了上面這些以外，還有很多手勢各具含義。例如：豎起小指表示輕蔑；豎起中指則有侮辱的含義；伸出一根手指指向別人有命令和輕蔑的意思……

緊張不安：頻繁撥弄頭髮的小動作

不知道你是否注意過，人們在處於緊張的狀態時總是會下意識地做出一些小動作，而這些小動作能夠洩漏很多內心資訊。例如：你和朋友交談時，他總是不時地撥弄頭髮，這

第三章
最誠實的手和腳—肢體動作是情緒的直觀反映

是因為他的大腦發出了資訊:「心慌!安撫我一下吧。」是的,就像小貓小狗感覺害怕時會舔自己的毛髮一樣,人類頻繁地撥弄頭髮,也表示心中緊張不安。

如果留心觀察兒童的身體語言,你會發現,小孩子犯錯被父母或老師發現之後,經常會做出這樣的動作——站在大人面前,身體不動,只是用手不停地撥弄頭髮,通常還帶著無辜的眼神。那神情彷彿在說:「我錯了,會不會挨打呢?」因此,太頻繁地撥弄頭髮,不是因為頭皮很癢,而是因為內心極度不安、缺乏自信,需要用這個動作來掩飾。

小葛是個紈褲子弟,和莉莉結婚後稍有收斂。可是有一天,小葛又徹夜未歸。早上回家,他發現莉莉整晚沒睡。莉莉站在窗邊,紅腫著雙眼,質問道:「你是不是又去夜店了?這個家你還要不要了?」從未見過莉莉發火的小葛有些慌亂了,他不停地撥弄頭髮,說:「我、我沒去夜店啊,妳相信我!」

從上面例子可以看出,儘管小葛嘴上否定了莉莉的猜想,但他手上的動作卻表明了內心的不安、焦慮。細心觀察會發現,人們在緊張的時候,總會透過一些小動作將情緒透漏給你。讓我們看看其他的一些展現緊張的小動作:

◎ **不停地清喉嚨**

你會發現,很多人原本喉嚨沒有不舒服的感覺,可是在比較正式的演講前,會不停地清喉嚨。這不是怪癖,只是因

為緊張。不安或焦慮的情緒會使喉頭有發緊的感覺，甚至發不出聲音。為了使聲音正常，他就必須清喉嚨。這也是有的人說的「緊張得連聲音都變了」的原因。如果你遇到說話不斷清喉嚨、變聲調的人，應該理解他們內心的緊張、不安和焦慮。

◎ 狠狠掐菸或任菸自燃

抽菸有時會被認為是緩解緊張、壓力的方法。生活中，你常常可以看到這樣的動作，有人在菸沒有抽完的時候，忽然把菸狠狠掐滅或是把它擱在菸灰缸上任其燃燒。其實這樣的動作的潛臺詞常常也是壓力、緊張、焦慮。

◎ 身上長蟲

很多人在上學的時候都被老師訓過這樣的話：「你能不能好好坐著？你身上長蟲啦？」聊天時，如果發現對方坐立不安，那就表明他感到有壓力或不安。當然，無聊時也會出現這樣的動作。

很多動作看起來很平常，實際上也是緊張不安的表現。比如撕紙、捏皺紙張、緊握易開罐讓它變形等等，並且你可以發現，當一個人的緊張感、不安感嚴重的時候，這樣的動作出現的機率更大。人們似乎希望藉這些動作來緩解壓力，同時穩定情緒。

第三章
最誠實的手和腳－肢體動作是情緒的直觀反映

高度自信：頭枕雙手的業務部經理

　　高度自信的動作能夠反映大腦的高度舒適感和絕對自信。你可以嘗試下頭枕雙手這個動作。當你做這個動作時，是不是腰挺得很直？是不是有一種長高的感覺？對，要的就是這種優越感。這是一種袒露胸脯、表現力量的姿勢，它代表著自信和無所不知。那些自我感覺高人一等，或是對某件事情的態度特別強勢、自信的人，經常會做出這個姿勢，彷彿在對旁人表示「我知道所有的答案」，或是「一切都在我的掌控之中」。

　　一般情況下，頭枕雙手的姿勢經常見於管理層人員，很少見到普通職員面對自己的上級做出這個姿勢。

　　某公司職員們發現剛剛晉升的業務部經理突然間有了這樣一個習慣動作：當他坐在自己的椅子上時，喜歡把頭向後仰，枕在交叉的雙手上；雙臂彎曲折在腦後，形狀彷彿羽翼。於是，很多職員偷偷訕笑他越來越有官相了。

　　晉升以前，經理並沒有經常做出這種頭枕雙手的姿勢，但新的地位卻讓他養成了這個習慣。由此可證明，經理對他的現狀感到滿意和舒適，他感覺一切都在掌握之中。

　　頭枕雙手的姿勢不僅顯示出當事人自我感覺良好，還反映了他想要獲取支配地位的心態。研究還發現，男人更喜歡

用這種身體姿勢。交談的時候，如果對方採用這種姿勢，那代表他自認為高你一等。他通常是想對你施壓，或者故意營造出一種輕鬆自如的假象，以此麻痺你，讓你錯誤地產生安全感，從而在不知不覺中踏上他預先埋好的地雷。

生活中表現自信的姿勢還有很多，例如雙手握緊放在背後，同時抬頭挺胸，下巴微微揚起。這個動作表達的含義和頭枕雙手相類似。擺出此種姿勢的人將脆弱、易受攻擊的咽喉、胸口等暴露在你的視線之下，無意識中顯示了他無所畏懼的膽魄，有一種「一切都在我掌握」的優越感。

失望沮喪：要麼自我撫摸，要麼捏揉紙張

當人們因遭遇挫折而情緒低落、失望沮喪時，會不自覺地藉助各種不同形式的自我撫摸來安慰自己，給自己打氣。例如用手撓撓頭皮、梳理一下頭髮，並撫摸後頸，女性則通常會雙手環抱著身體，用手摩挲手臂，這都是尋求保護、進行自我安慰的典型動作。

每個人都有親密接觸的欲求。女性在這方面的欲求大於男性，兒童大於成人——小孩子如果跌倒或者受到其他傷害，第一個反應就是讓媽媽抱抱。身體上的親密接觸可以消除恐懼，讓小孩子獲得安全感。隨著年齡的增長，成年人不

第三章
最誠實的手和腳—肢體動作是情緒的直觀反映

能再像小孩子一樣向別人索求擁抱,無法隨時隨地地得到親密接觸,因而以自我撫摸的方式來滿足親密接觸的需求。常見的自我撫摸動作有以下幾種:

◎ **頭部的撫摸**

比如撫摸額頭、撓撓頭皮、撫摸頭髮、輕捏臉頰、用手托臉等等。

◎ **頸部的撫摸**

撫摸頸部的前方、後方。女性尤其喜歡撫摸頸部前方,當她們聽到讓人不安的事情時,常常不自主地用手掌蓋住自己的脖子前方靠近前胸的部位。

◎ **手部的撫摸**

摩挲自己的手背、吸吮手指、咬指甲等。

當你發現女性出現這些下意識動作時,可以給對方適當的安慰和身體接觸。但是不能太過,輕輕拍一拍對方的肩是最適度的安慰。因為雖然女性的這些動作是渴求親密接觸的表現,但強烈的戒心依然會讓她們反感過度的接觸。

◎ **臉部的撫摸**

例如用手抹臉、輕捏臉頰、用雙手捧著臉。

此外,前面提到的雙手環抱也是自我撫摸的一種,在女

性身上很常見。

除此之外，還有些動作看起來與自我撫摸扯不上關係，實際上也是一種間接的自我撫摸。比如撕紙、捏揉紙張、緊握易開罐讓它變形等等。這種間接的自我撫摸也刺激到了我們的觸感。並且你可以發現，一個人的挫折感或者不安感越重，這樣的動作出現的機率越大。人們似乎希望藉這些動作來發洩，並穩定情緒。

否定排斥：阻礙溝通的雙臂交叉

絕大多數人對雙臂交叉這個動作所代表的含義都有共識，那就是：否定或防禦。我們常常會看到彼此陌生的人們在感到不確定或不安全的時候擺出這樣的姿勢。兩個站立的人在談話時會出現這個動作，尤其是在身邊皆是陌生人的公共場合，做出這一動作的可能性就會更大。

門鈴響了，傑克打開門，看見業務員一臉諂媚的笑容。他不由得將雙臂交叉抱於胸前，直直地瞪著業務員。傑克的姿勢讓業務員很失望。他說了一段廣告詞後，發現傑克還是這個姿勢，於是悻悻地走了。

這是個有經驗的業務員，他明白傑克的姿勢代表什麼，當嘗試無果時就放棄了浪費精力的做法，去別的地方碰碰運氣。

第三章
最誠實的手和腳—肢體動作是情緒的直觀反映

　　人們對所聽到的內容持否定或消極態度的時候，通常會做出交叉雙臂的動作。與人交談時，如果看到對方擺出了雙臂交叉的姿勢，你就應該立刻意識到自己可能說了對方並不認同的觀點。此時，對方即使口頭上表示贊同你的觀點，你也要明白，他不會輕易地走出自己的世界，而你也很難融入他的世界。在公眾場合中，面對很多的陌生人，人們通常都會交叉雙臂，就好像在自己和外界之間築起了一道障礙物，將你不喜歡或者覺得不安全的人和物通通擋在外邊。

　　當發現對方擺出這種姿勢時，你需要找出原因，對症下藥，盡快使對方轉變態度。如果你下面的說話內容或說話方式能夠得到他的認同，他自然就會展開雙臂。

　　另外，與其在對方做出這個姿勢後再考慮應對措施，不如讓他一開始就沒有機會使用這個動作。比如說，你可以在談話前讓他拿著什麼東西，或是找一件事情讓他做。被占據的雙手是不方便做出這個姿勢的，所以這個方法是最為方便快捷的。

　　交叉雙臂這種姿勢非常明顯，所傳達的資訊也較為明確。所以，有些時候，我們就會有意識地使用一種較為不明顯的方式——部分交叉雙臂來代替。最為常見的部分交叉雙臂的姿勢是：把一隻手臂從身體面前橫過去，握住或摸著另一隻手臂，從而形成一道較為隱蔽的屏障來保護自己。不可

否認，部分交叉雙臂的姿勢要高明、隱蔽一些，但對方稍微留意，還是會心知肚明的。

還有一種比部分交叉雙臂的姿勢更隱蔽、更高明的雙臂交叉姿勢，即偽裝起來的雙臂交叉：把一隻手臂從身體面前橫過去，觸碰袖口、手提包、手錶、手鍊或者是上衣口袋。如此一來，他便可以在身體面前形成一道屏障，使自己獲得安全感。偽裝起來的雙臂交叉極具迷惑性，一般人很難看出來此姿勢的真正含義。

還有一種強化的雙臂交叉姿勢更為明顯。當一個人明顯感覺到某種危險時，他就會在雙臂交叉的同時緊握拳頭，有時還會面紅耳赤、咬牙切齒，以表示自己的敵意和防衛態度。一旦失控，很可能就會出現對對方口頭或身體上的攻擊。如果出現此種情況，產生敵意的一方應該盡量克制自己，不要與對方發生言語上的爭執或是肢體上的衝突；另一方則應該迅速採取一些真誠、友好的姿勢（比如面帶微笑看著對方，同時攤開手掌等）來緩解對方的情緒。

雙手叉腰的男人在警告，雙手叉腰的女人在炫耀

在美國西部牛仔電影中，總能看到這樣的一幕：代表正義的牛仔昂首挺胸地面對敵人；他把大拇指插在胯部的口袋

第三章
最誠實的手和腳—肢體動作是情緒的直觀反映

裡，而把其餘的指頭露在外面；手臂在身體兩側彎曲著，就像我們平常的叉腰姿勢一樣。

西部牛仔擺出這種姿勢是在告訴別人：「我是個男子漢，我可以支配一切！」兩手叉腰的姿勢能讓男性的身軀顯得更加偉岸。為什麼會有這樣的效果呢？因為兩手叉腰的姿勢能夠讓你占據更多的空間，從而讓你顯得更加魁梧和打眼。

很多動物也會用一些辦法讓自己看起來更強壯。比如鳥兒們會抖動自己的羽毛，魚兒會吸入大量的水以促進身體膨脹，貓和狗會努力讓身上的毛豎立起來，這些做法的目的都是使自身體積看起來更大，而更大的個頭在動物界通常就是更有競爭力的表現。而人類無法使用這些方式達到目的，於是他們想出了另一種方法，這就是雙手叉腰的站姿。

當男人感覺自己的領地被其他男性覬覦時，就會用這樣的姿勢發起無聲的挑戰。所以兩手叉腰是一種明確的警告姿勢，男性常用它來震懾對方。

就像鳥兒們豎起羽毛一樣，雙手叉在腰上也能讓我們看起來更加龐大。兩個男人在站立談話時，也常會擺出這種姿勢。兩人似乎是在很友好地進行談話，事實上，卻都在潛意識裡使用這種姿勢向對方傳達訊號：「我才是控制者，你說話最好小心。」有時候，男性會把拇指塞進皮帶或者褲子口袋裡，其餘露出的手指則指向生殖器部位──這種姿勢表現的是一種攻擊性態度。

這種叉腰的姿勢在女性身上也能見到。比如時裝模特在進行伸展臺表演時,就會做出兩手叉腰的動作,這是為了更好地展現女性魅力,從而為服裝增彩。雙手所放的位置是女性身體弧度較大的部位,也是極具異性吸引力的地方。女性在潛意識裡明白這一點,所以這種姿勢也可以看作一種炫耀性的動作。

所以,當我們看到一個人兩手叉腰的時候,應該結合具體情境以及他在此之前的肢體語言來進行綜合考量,這樣才能做出準確的判斷。

不可忽視身體的指向

在一種特定的姿勢中,每個人都有自己喜好的身體指向,而這種指嚮往往與人的性格和心理狀態相關。通常情況下,一個人的身體指向在每個場合都有較為明確的意義。比如:一個人頭部低垂,身體前傾,雙手緊緊交握在背後,邁出的步伐也非常慢,有時還會停下來踢路旁的空瓶子,或是撿起地上的一張碎紙片看看,然後又隨手一扔,好像在自言自語地說:「為什麼不從另一個角度來看這件事呢?」從這個人的身體指向,以及他的一系列動作,我們可以知道他的心理狀態:不要來打擾我,很煩。

第三章
最誠實的手和腳－肢體動作是情緒的直觀反映

為了更清楚地了解身體指向所表達的意義，我們可以假設這樣一個情景：

你和幾個同事坐在一起聊天。當你發言時，同事們都將身子靠在椅背上，靜靜地聽著你說的每一句話。就在你說得眉飛色舞的時候，忽然，同事小張將身體衝著你前傾，小張的這一姿勢可能會讓你感到很不舒服。原因很簡單。小張之所以會做出那樣的姿勢，是因為不同意你剛才說的話，打算反駁你的觀點。他闡明自己的觀點後，就會馬上恢復原來的坐姿，同時，其身體也會轉為朝向其他方向。

其實，這種情況在日常生活中很常見。比如：兩個人交談時，其中一個人想去買點東西，或是出去打個電話，就會有意識地把自己的身體朝向門口，並表現出前傾的姿勢，以此來向另一方暗示：對不起，我們可以先暫時停一會兒嗎？我想出去一下。當另一方意識到他的這一意思後，會很樂意滿足他的這一要求。當他辦完自己的事情回來後，就會重新以一個認真交談的身體姿勢與對方繼續進行交談。再如，你與一個久未見面的朋友突然在機場相逢，兩個人於是就在原地大談特談起來，好不爽快！沒過多久，你發現朋友雖然在你說話時滿臉笑容，卻顯得心不在焉。你低頭一看，才發現他的腳和身體全都指向了安檢口。頓時，你恍然大悟 —— 原來朋友要去檢票了。

同理，在各種商業談判活動中，當一個人想結束談判或是想離開時，他也會將自己的身體或兩腳指向最近的門口，儘管他面朝著你，甚至還面帶微笑。一旦在談判過程中發現對方擺出此種姿勢，就應該立即轉換一個話題或是採取其他的方式，將對方吸引到談判中來。如果對方維持此種身體姿勢不變，你就應該適時結束此次談判，以便自己可以控制整個談判局勢。

　　所以，與別人交談或是談判時，應該隨時留意對方的身體指向。一旦發現對方將身體或腳指向最近的門口處時，應該及時轉換一個話題，或是友好地徵詢一下對方的意見（有時，對方可能不是想和你中斷談話，而是不得不出去一下，比如上廁所、打電話等），以避免某些尷尬場景的出現。

交際，不可不懂距離的學問

　　人們每天都要和他人交際，在這個過程中，保持距離、保證個人空間不受干擾就顯得尤為重要。在現實中，個人空間展現在與他人相處時的距離上。距離的不同，顯示出雙方關係的不同。

第三章
最誠實的手和腳—肢體動作是情緒的直觀反映

> 根據西方學者的測量,人們會依據交際環境的不同,把個人空間分為四個不同的距離,並根據交際性質的不同,交際對象與己關係的親疏進行調整。

◎ 親密距離

這個交際距離大致是 0～45 公分。這種距離會引起人們之間的身體接觸,所以通常只在極親密的人中間使用。若其他人進入這個區域,將會讓自己產生被侵犯的感覺。

◎ 私人距離

非正式交談時,如和友人聚會時,人們會保持此距離,大約為 45～120 公分。這種距離通常在熟悉的人之間使用,顯得雙方既親切又不過分親密。

◎ 社交距離

在與陌生人打交道時,例如:在商貿談判中,人們會使用這個距離,大約是 1.2～3.6 公尺。這一距離既能促進雙方交談,又不會有侵犯感和不禮貌的嫌疑。

◎ 公共距離

當我們在眾人面前演講或發言時，使用的基本是這個距離，大約為 3.6 公尺以上。這一距離能使演講者或發言者感到舒服，有暢所欲言的願望。

第四章
一開口，你就被出賣了！──
聲調語速是情緒表達的重要手段

順著聲音的線索，摸透他的心

西方學者將聲音稱為「溝通中最強而有力的樂器」。然而，很多人都不知道自己的聲音能給別人帶來怎樣的韻律。心理學家研究發現，人與人之間 30% 左右的交流是透過說話時聲音的語調、響度、音調等表達出的情緒內容來實現的。

◎ 語調

語調通常分為低沉與活潑兩種。擁有不同語調的人，性格往往也大相逕庭。

語調低沉的人，無論男女，都非常迷人。低沉的聲音在表達的時候，給人安全感，能讓人展現最佳的狀態，像磁鐵一樣吸引別人。擁有這種聲音的人讓人感覺聰明可靠，意志堅定而很有自信，被認為是正直的人。

語調活潑的人充滿熱情。他們性格開朗而直率，給人精

力充沛的感覺。熱情的語調在吸引異性的時候，具有較大的優勢。他們的聲音讓別人覺得他們很友好，並吸引那些快樂和樂觀的人。

◎ 響度

聲音的響度主要分為高亢與低柔兩種，每一種對應著不同的性格。

說話聲音高亢的人通常有些神經質，但富於創意，想像力極強，從不輕易服輸，討厭受人擺布，好為人師。他們對熟悉的環境有強烈的依賴性，若變更睡眠地點，很容易睡不著。而他們一旦執著於某件事，會不惜一切代價去完成。這類男性通常個性狂熱、性情衝動；女性多半情緒波動不定，對人愛憎分明。

說話聲音低柔的人比較容易自卑，做不出有影響力的決定。他們常常覺得自己的話語不值得被別人聽見，內心憂鬱而矛盾。研究發現，這類人多在內心深處懷有一種深沉的悲傷。他們看起來很害羞、很安靜，卻也常常因失去理性而發脾氣。

◎ 音調

音調一般分為高、低兩種。音調高的人與音調低的人在性情方面大不相同。

第四章
一開口,你就被出賣了!－聲調語速是情緒表達的重要手段

說話聲音低的人,給人一種浪漫優雅的美感,尤其是男士,會讓女士覺得既優雅又性感,給予人有能力、穩重的感覺。不過,若男性將聲音壓得過低,則說明他沒有安全感,認為自己用更低沉的聲音說話別人會更尊重自己。實際上,故意壓低聲音很容易使人感到虛偽和做作,甚至令人討厭。

聲調:辨別情緒的重要依據

每次談話實際上都會有兩種對話產生:一種是使用言辭的,一種是使用聲調的。有時候這兩者很契合,但通常並非如此。當你問對方:「你最近怎麼樣?」得到的回答是:「不錯。」你通常不會憑藉這句「不錯」來判斷他的感受,而是會憑藉他在說話時聲音的音調、節奏、速度等來判斷他是真的好還是不好。例如:音調低、節奏緩慢,說明他最近不是很好;相反,音調高、速度較快,則說明他最近真的滿好的。怎麼樣說話比說什麼樣的話更重要,因為我們的態度不是經由言辭,而是經由講話的聲音表現出來的。

有時候人們迫切需要自我表達,卻不想直接說出來。所以,你很少會聽到諸如「你傷害了我的感情」、「我好難過,希望你能幫我減輕痛苦」、「我的工作讓我感到沮喪,我需要你來聽我訴苦」之類的話。但是你會從人們的聲調中聽出這樣的訊息。對方會嘆息,會緩慢地說話,或者簡短地回答問

題,並配以低沉無力的聲調來表達。於是,你就能從中知道對方真正的情緒和態度了。

聲調的作用很大,尤其是在電話、廣播等看不到對方的交流形式中。以廣播為例,透過電波,主持人的聲音傳到你的耳中,你從中可以得知主持人對所說內容的態度:是贊成還是懷疑,是喜歡還是厭惡,是熱情還是冷淡。所以,即使無法展現自己的形象,電臺主播們還是以他們的聲音征服了很多聽眾。

聲音的重要性遠遠超過了言辭,而在交流中我們通常把注意力放在言辭而非聲音上。這是片面的。

一個放大說話音量的人,通常有控制局面的目的。大聲說話是獨斷、強制且具威脅性的行為,所以想支配或控制他人之人,講話通常很大聲。大部分人認為說話音量大是自信的表現,但有些人大吼大叫,是因為害怕如果輕聲細語,沒有人會聽得見。

說話小聲的人可能會被認為缺乏信心或優柔寡斷,但是小心別上當。輕柔的聲音可能反映出平靜的自信,說話者只是認為沒有必要支配談話過程。要是對方說話總是輕聲細語,請注意他的抑揚頓挫之處是否適當。當在場的人聽不清楚的時候,他是否努力放大音量。如果不是,也許他不夠細心,不會體貼別人,或者驕傲自大。如果他持續輕聲細語,並伴隨著不舒服的肢體語言,比如缺乏眼神接觸、轉過身去

第四章
一開口，你就被出賣了！—聲調語速是情緒表達的重要手段

或別過臉，這就是不舒服的象徵以及自信心缺乏的表現。

人的聲音高低是天生的，但是人們通常會為了一些特定的理由提高或降低音高。當特別害怕、痛苦、興奮時，大多數人的聲音會提高；有些人為了引誘別人，會明顯地降低聲音；當一個人傷心、沮喪或者疲倦時，音調也會降低。

聲音只能透露一部分的情感，如果配合以對肢體語言的觀察和對說話內容的體察，通常就能掌握對方真實的情緒。對方的聲音、說話內容和肢體語言如果協調一致，你就能輕易分析出他的感覺，並預測他會對不同情況做出何種反應。要是對方的聲音與說話內容或身體語言相衝突，你就得依據一般模式推論可能的原因，以免妄下斷語。例如：聲音的強調通常伴隨著肢體語言的強調。說話者強調某個字句時，可能會出現身體向前靠、點頭或比劃手的動作。因此，如果你能在傾聽時，順道觀察肢體語言，即使是細微的變化也難逃你的法眼，對方的任何一點小心思也能被你掌握。

語速：內心變化的指示器

人與其他動物相區別的主要特徵之一就是有自己的語言。語言系統是一套音義結合的複雜系統。人在說話時，既是在進行一種思想的交流，又在不經意間流露自己的心理、

感情和態度。其中,語速的快慢直接展現出說話人的心理狀態。

一個人說話的語速可以反映出他的心理健康程度。一個心理健康、感情豐富的人在不同的環境下會表現出不同的語速。譬如說,朗誦一篇富有戰鬥激情的散文時,人們會加快語速;而朗誦一篇優美抒情的散文時,人們又會用一種悠揚、舒緩的語氣來表達那種美感。

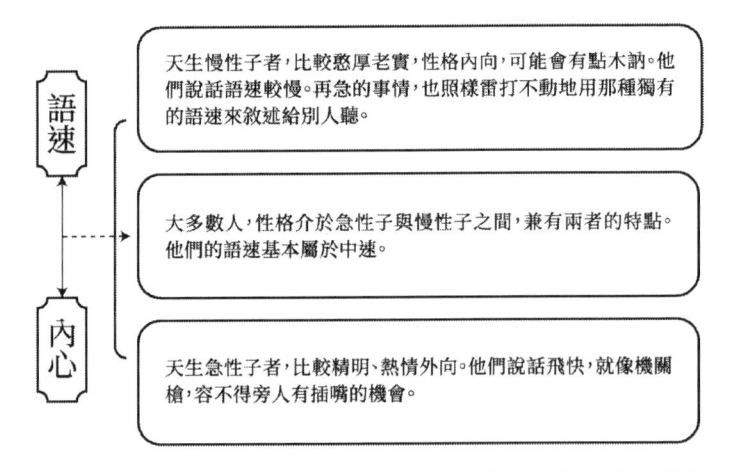

```
語速 ── 天生慢性子者,比較憨厚老實,性格內向,可能會有點木訥。他
         們說話語速較慢。再急的事情,也照樣雷打不動地用那種獨有
         的語速來敘述給別人聽。

    ┆ ── 大多數人,性格介於急性子與慢性子之間,兼有兩者的特點。
         他們的語速基本屬於中速。

內心 ── 天生急性子者,比較精明、熱情外向。他們說話飛快,就像機關
         槍,容不得旁人有插嘴的機會。
```

在平時的生活、工作中,每個人也都有自己特定的說話方式、語言速度。這是每個人長期以來形成的特徵,是客觀固有的,而且長期存在。

在現實生活中,我們可以更微妙地領略語速中透露出的各種豐富的心理變化。我們可以根據一個人說話時的語速快慢,判斷出他當時的心理狀態。如果一個平時伶牙俐齒、口

第四章
一開口，你就被出賣了！─聲調語速是情緒表達的重要手段

若懸河的人面對某個人時，突然變得吞吞吐吐、反應遲鈍，那麼，他一定是有些事情瞞著對方，或者做錯了什麼事情，因而心虛、底氣不足。

也有一些特例。如一位男士在別人面前都能夠談笑自如、幽默風趣，保持著平常的語速，一旦面對喜歡的女生，他馬上變得不知所措，不知道要說什麼，說起話來也彷彿嘴裡有什麼東西，含含糊糊，一點都不連貫流暢。這樣的訊號告訴我們：他喜歡她。

一個平常說話慢慢悠悠的人面對一些不利的言論的時候，如果用較快的語速大聲地進行反駁，那麼這些話很可能都是無端誹謗；如果支支吾吾、吞吞吐吐，半天說不出話來，那麼這些指責很可能就是事實。當一個平時說話語速很快或者中等的人突然放慢了語速，那麼，他一定是在強調什麼東西，或者想吸引他人的注意。

辯論賽的時候，每個辯手都會盡可能快速且流暢地表達自己的觀點。如果能夠在語速上勝對手一籌，不僅可以殺殺對方的銳氣，也可以增加自己的信心。然而，有些人在面對別人伶俐的口舌、獨到的見解、逼人的語勢時，或沉默不語，或支吾其詞，一副笨嘴拙舌、口訥語遲的樣子，他很可能是產生了卑怯心理，對自己沒有信心，又或者被對方說中了要害，一時難以反駁。出現此類窘境，不僅有礙自身能力的發揮，也助長了對方的氣焰。

上篇
情緒洞察課─辨識他人情緒,就能掌控局勢

　　語速可以很微妙地反映出一個人說話時的心理狀況,留意他的語速變化,你就能發現對方的內心變化。

善問問題是讀懂人心的關鍵

　　最簡單的了解別人的辦法就是提一些恰當的問題。對方往往會憑藉你的提問方式,決定如何向你展示自己的情緒和心理。所以,注意提問的方式,將有助於你更好地了解對方。

　　奧斯卡・王爾德曾經說過:「絕對不要冒失地提問。要在適當的時機提出自己的問題。」人們常常傾向於根據自己的感覺來提出一些問題。但是有的時候,這種問題並不是對方所需要的。

　　如果你完全出於好奇心,或是出於喜愛駭人聽聞的事情的心理,你提出的問題會使別人感覺好像自己在被人尋根問底,被人利用,甚至可能感覺自己受到傷害。因此他根本不會對這樣的問題感興趣,當然也不會做出詳細的回答,你想了解他的目的也會落空。

　　當你粗魯地向他人提問時,對方會覺得自己的私人領域受到侵犯,精神上受到傷害或者侮辱;而檢查性的提問則使別人感覺自己被人檢查,被逼入某種困境,因而會拒絕交流;誘逼性的提問很有可能引導別人做出回答,但這種問題對雙

第四章
一開口，你就被出賣了！—聲調語速是情緒表達的重要手段

方而言都沒有什麼意義，因為你根本得不到真誠的回答；追根究柢的提問會導致對方產生防守心理，不利於交流。

那麼，如何正確地提出問題呢？

◎ 你提出的每一個問題，
  都要清楚明瞭地表達出自己的真正意圖

如果你希望從別人那裡得到一個簡短精確的回答，就應該使用所謂的「封閉性提問」或者是「選擇性提問」。例如：「你現在想要冰淇淋嗎？」對於這樣的問題，任何人給出的答案都只會是「是」或者「不是」。但是如果你希望雙方能夠進行一次深入細緻的交流，那麼這一類只能回答「是」或者「不是」的提問方式，難免就顯得有些力不從心了。

如果你希望從交談對象那裡得到一些更加確切的回答，但同時又不想給對方造成太大的壓力，那麼可以選擇「半開放式的提問」或者說是「關聯提問」。例如：「你為什麼不喜歡這部電影？」「你為什麼非得現在開始休假呢？」在這樣的情況下，對方的回答是比較自由的，可以講得多一些，也可以講得少一點；可以相對詳細一點，也可以只是介紹一下。

如果你並不希望給予對方任何的暗示，也不想太多地表露自己的意圖，而只是希望給予對方盡可能大的選擇空間，那麼你可以使用「完全開放式提問」。例如：「你最近過得怎麼樣？」

如果你希望讓對方覺得你是在設身處地為他著想，那麼你

可以使用「具有感染力的提問方式」。例如：「這兩天我覺得你有一點無精打采，我想，可能是你的工作壓力太大了。你覺得把我們的約會稍稍延後一點，對你來說會不會要好一些呢？」

透過這種提問方式，你不僅給自己留下了轉圜的餘地，以便應對各種可能發生的變化，也給對方留下了一種印象：你對他很關心，能夠體察到他身上的問題。

同一個問題可以用不同的方式進行表達，那些一眼看去完全相同或者相類似的問題，往往會產生不同的效果。不妨好好感受一下下面這些簡單的問題：

- 咖啡？
- 要不要喝一杯咖啡讓自己清醒一下？
- 要不要喝一杯咖啡？
- 你願意和我一起去喝一杯咖啡嗎？
- 現在你不想來一杯咖啡嗎？
- 你覺得現在喝一杯咖啡對你會不會有好處呢？
- 我覺得你現在需要喝一些東西，來杯咖啡怎麼樣？

◎ 提問題要客觀，
　切忌用自己的觀點來解說從別人身上看到的現象

想準確地了解別人的心理，要避免用自己的觀點來解說從別人身上看到的現象。如果你僅僅根據自己的經驗對別人

第四章
一開口，你就被出賣了！—聲調語速是情緒表達的重要手段

的狀況做出判斷，出於禮貌，對方通常會給你一個合乎情理的回答。而這種回答很可能不是你想了解的實情。

一個事業有成的男人到他的諮商師那裡進行治療，醫生說：「你能告訴我你有什麼問題嗎？」

該男子提到了他在生活和工作中負擔過重的問題：他要做的事如何之多，每天要完成多少工作，處理多少大大小小的問題，根本沒有留給自己的時間。

他的諮商師耐心地傾聽著，最後，他問道：「你對我說你每天都要承受很重的負擔。可是為什麼你在講述這一切的時候，臉上始終洋溢著自豪的表情？」

透過提問和觀察，醫生很快就意識到，在生活中追趕該男子的並不是這些工作——雖然他的工作的確很多——真正的問題在於，他需要這麼多的工作來維持這種大人物的感覺。他很自豪他是如此重要，有那麼多的事情要他去做，有那麼多的人需要他的幫助。

醫生並沒有給該男子一個結論性的回答，只是陳述了一個客觀事實。最後，該男子更加詳細地告訴了醫生他的症狀，醫生給了他一個準確的治療方案。

對每一個希望了解別人的人來說，有一個根本的交談原則就是：你只需要提出你看到的和感覺到的，而不要根據你

自己的所見所聞，總結出解決別人的問題的辦法。比如你應該這樣說：

- 「你今天臉色蒼白。」（而不是「今天你看上去好像很累」）
- 「你今天根本不能安靜地坐下來。」（而不是「你今天非常激動，煩躁不安」）
- 「你今天一點也不健談。」（而不是「你今天怎麼又發脾氣了」）
- 「你今天穿得很時髦，很漂亮。」（而不是「你今天是不是跟誰有約會啊」）

為什麼前一種表達方式比後一種要好一些？非常簡單，你從別人身上觀察到的表現，可能對應很多的事實。比如說某人臉色蒼白，可能是因為疲勞，也可能是由於生病，或者是化妝所致。真正的原因應該由對方對你說──如果他願意說的話。

你看，在提問時，不同的提問方式相互之間只有很細小的差別，所表達的意思幾乎是一樣的，但是對於比較敏感的人來說，可能就大不一樣了。對方可以透過你的提問，了解你的意圖或者願望，對你的感覺可能也會隨之而有所不同。他們往往會憑藉你的提問方式，決定如何向你展示自己的情緒和心理。

第四章
一開口，你就被出賣了！─聲調語速是情緒表達的重要手段

怎麼說比說什麼更重要

　　成功學大師戴爾‧卡內基說過，當今社會，一個人的成功，僅僅依靠技術知識是不夠的，還需要發展人際關係及有效說話等本領。這裡所說的有效說話的本領即我們通常所說的口才。

　　同樣的內容由不同的人來表達，產生的效果也會大有不同。也就是說，我們所說的話是否具有影響力，「如何說」尤為重要。這是因為，我們所說出來的每句話，除了包含字和詞之外，還包括很多其他因素，例如音量、音調、語速、強調、停頓以及沉默的瞬間等等。說話的方式在相當程度上決定了溝通的效果。

　　以身體語言來表達自己的想法是人類與生俱來的能力。而透過對身體語言的洞察，我們可以更加深刻地了解一些現象背後的祕密，也可以透過恰當地運用身體語言對別人產生有效的影響。

　　因此，如果你想給別人留下好的印象，就要注意自己的身體語言。在與人交往過程中，要注意自己的站姿、手勢。如果在交談中扯衣角、抓頭髮等，別人可能會覺得你很不耐煩，不願意與你繼續交談下去。要是你雙臂交叉抱在胸前，別人可能會覺得你對他抱有敵意，因而在心理上與你產生距

上篇
情緒洞察課―辨識他人情緒，就能掌控局勢

離。所以在交往中，一定要注意自己的身體語言，避免語言和行為出現矛盾，讓別人產生厭煩感或者不信任感。

要想提高溝通能力，必須學會巧用身體語言。注意下列事項，對自己的肢體加以控制，就能做到用合適的視覺訊號強化自己的語言資訊：

- 每一個字、每一句話都有它的意義，要懂得在什麼時候配上恰當的面部表情。
- 無論面部表情多麼平靜，只要叉著雙臂或抖動著雙膝，都會明白無誤地顯露內心的不安。
- 延續時間少於 0.4 秒的細微面部表情也能顯露一個人的情感，導致立即被他人所識破。
- 如果交談時的距離不足 5 尺，會讓對方產生局促不安的感覺；如果交談時的距離達到 6 尺或更遠，對方就會覺得你不在乎他。
- 溝通時看著別人的眼睛能防止對方分神，更重要的是，能讓你看起來值得信賴。
- 微笑能使人們覺得你和藹可親。真心的微笑能從本質上改變大腦的運作，使自己身心舒暢起來。

身體語言既可能產生好的影響，也能產生壞的影響，這就要看自己怎麼掌握了。無論是言談還是舉止，都要時刻注意，做到言行一致，盡量讓身體語言發揮積極的作用，

第四章
一開口，你就被出賣了！—聲調語速是情緒表達的重要手段

這樣才會讓人有信服感，也會增強自己的自信，使自己走向成功。

透過言談方式辨析對方的心理

每個人在日常的人際交往中都會逐漸形成一套自己的談話風格。從對話題的偏好、回答問題的方式等等可以看出一個人的性格特點。

◎ 由話題知心理

人們的內心世界常常會透過談論自己關心的話題而不自覺地呈現出來。想要了解一個人的性格、氣質、想法等，不妨觀察他常說的話題。

話題偏重自己或家庭的人，自我意識較強，屬於自我中心主義者。比如：與中年婦女交談時，她們的話題多是自己，有時也談論丈夫或孩子——她們把丈夫或孩子看成了自己的化身，談論他們也等於在談論自己。對於這樣的中年婦女，你要作為一個傾聽者出現，承認她們是賢惠的妻子、偉大的母親。

許多年輕人最愛談論的話題是車子——雖然他們中的大多數人暫時還買不起心儀的車子。他們那麼熱衷於談論車的品牌、配置、外觀等，無非在表示自己將來有能力購車，或者是顯示自己對車這一時髦話題懂得很多罷了。因此，你要

聚精會神地聽他們侃車，偶爾再向他們請教幾個問題，最好不要擺出討厭或不耐煩的臉色。你的耐心就可以滿足他們的虛榮心。

有些女性雖然已過少女期，但也常常喜愛談論「戀情」或「愛情」的事情，這表示在她內心隱藏著對性的渴望。

如果對方時常憤憤不平地埋怨薪水微薄，那麼你要明白，薪水微薄只是藉口而已，真實原因是他對自己的工作並不熱愛；如果不斷譴責主管的過錯或無能，事實上是說明他自己想要出人頭地。

有些人常常無視別人的談話內容，故意扯出與主題毫不相干的話題，這種人通常懷有強烈的支配欲與自我展示欲。

◎ 禮貌的程度和兩人的心理距離成正比

雖然與你交情不是很深，卻用很親密的口氣和詞語跟你說話的人，多半是對你有好感，想要快點和你成為好朋友，而且個性直爽坦率。如果兩人剛好很投緣的話，會成為好朋友。而那些不論見過幾次面，口氣還是一樣有禮貌的人，只是想和你保持工作上的聯絡，或一般朋友的關係。當然也有人習慣於封鎖內心，警戒心很強，無法深入與他人交往。

說話時語氣非常有禮貌的人，內心可能瞧不起你。太禮貌的人給人一種冷漠感，熟識的朋友之間會用很隨便的語氣對話，甚至互相戲弄。

第四章
一開口,你就被出賣了!―聲調語速是情緒表達的重要手段

◎ 從反駁的方式了解性格

交談中如果雙方的觀點不一致,為了表達自己的觀點,往往需要反駁對方。不同的人反駁的方式也會不一樣。

直接反駁對方「不是那樣」的人,非常看重自己的主張,一旦堅持起來就會不顧一切。

有些人反駁對方的時候會說:「就是啊,不過⋯⋯」首先表示認同,然後再說出自己主張,比起「不是那樣」溫和多了。這種穩健誠懇的應答不容易引起糾紛,不僅能避免對立,也仔細傳達了自己的看法。品格端正而認真的人,通常這樣應對吧!

有些人在反駁時常用「所以說」這個詞,言下之意是「都已經說到這種程度了,難道你還不明白嗎」。這種深信自己的頭腦比較好的超有自信的人,有時也會因妄自尊大而一意孤行。

察言是一門很有學問的技巧。人內心的想法,有時會不知不覺在口頭上流露出來。因此,在交談過程中,只要我們留心,就可以從中感知一個人的內心世界。

言辭過於恭敬,必懷戒心

保持適當的心理距離是人際交往成功的一個必要條件。語言可以拉近或推遠相互之間的心理距離,有分寸地使用恭

敬的語言是很重要的。這類語言要依據時間、場合、目的微妙地表達，均衡地加以運用。俗話說「過猶不及」，如果言辭過於恭敬反而顯得膚淺。

適度的禮貌是維繫良好人際關係的方法之一。但是「殷勤過度，反而無禮」，禮貌過度反而會讓人反感。法國作家拉伯雷說過：「外表態度上的禮節，只要稍具有知識即能充分做到；而若是想表現出內在的道德品行，則必須具備更多的氣質。」那麼，從言辭到行動總是恭恭敬敬的人，也許正是欠缺了某些氣質。

這些人在與人交往的時候，總是低聲下氣，始終用恭敬的語言、讚美的口氣說話。初交時，他人也許會有不好意思的感覺，但絕不會對這些人產生厭惡之情。然而，隨著交往的日益深入，他人便會逐漸察覺這種人的真實態度，而且會氣惱不已，對他的評價大多變為：「那傢伙原來是個口是心非、表面恭敬的人！」

這種人在幼兒期一定受到過雙親嚴厲而又錯誤的教育，尤其在有關禮節方面。因此，那些在一般人看來可以容許的欲望，卻不為他們的良心所許可，導致他們產生了恐懼、罪惡和不安等感覺。於是，他們便將種種欲望、衝動和情緒全壓抑在內心深處，死死禁錮著。但是，被壓抑的欲望、衝動和情緒越積越多，總有一天會形成強大的攻擊衝動而發洩

第四章
一開口,你就被出賣了!―聲調語速是情緒表達的重要手段

出來。他們覺察到這一點,為求掩飾,便啟動心理防衛機制——對人更加恭敬。這等於說,這類以令人難以忍受的過分謙恭的態度對待別人的人,內心往往鬱積著強烈的攻擊欲。

日本語言學家樺島忠夫說:「敬語顯示出人際關係的親疏、身分、勢力,一旦使用不當或錯誤,便擾亂了彼此應有的關係。」在無關緊要或特別熟悉的人際關係中,我們根本沒有必要使用敬語。而且,在很親密的人際關係中,如果對方突然使用敬語對你說話,你就得小心了:你們之間是否出現了新的障礙?如果對方在交談中常常無意識地使用敬語,則說明你們之間的心理距離很大。過分地使用敬語,就表示有激烈的嫉妒、敵意、輕蔑和戒心。所以,當一個女人對男人說話時,若使用過多的敬語,絕對不是表示對他的尊敬,反而是表示「我對他一點意思也沒有」,或是「我根本就不想和這類男人接近」等強烈的排斥心理。

如果你和某位朋友已經交往很長時間,雙方也很了解,但是,對方依然在運用客氣與親切的言辭,說話也十分謹慎,那麼,對方如果不是暗藏苦悶,就是懷有敵意。也有人故意使用謙遜的言語,企圖利用這種方式闖進對方心裡,突破對方心中的警戒線。實際上,他們的真正動機在於掌握對方,實現居高臨下的願望。

上篇
情緒洞察課─辨識他人情緒，就能掌控局勢

打招呼方式揭示你的心理特徵

一位美國心理學博士聲稱，從一個人打招呼的習慣用語中，可以看出很多東西。透過大量對打招呼方式的研究，他發現，性格類似的人與人打招呼的方式也非常相近。

下面，我們總結了七種人們慣用的打招呼方式，它們分別對應著不同的性格特徵。

◎「你好！」

這樣的人大多頭腦冷靜，只是有點遲鈍。他們對待工作勤勤懇懇、一絲不苟，能夠控制自己的感情，不喜歡大驚小怪，深得朋友們的信任。

◎「喂！」

此類人快樂活潑，精力充沛，直率坦白，思維敏捷，具有良好的幽默感，善於聽取不同的見解。

◎「嘿！」

這類人靦腆害羞，多愁善感，極易陷入尷尬為難的境地，經常由於擔心出錯而不敢做創新和開拓的事情。他們有時也很熱情，討人喜愛，當跟家人或知心朋友在一塊時尤其如此。他們晚上寧願和心愛的人待在家中，也不願在外面消磨時光。

第四章
一開口，你就被出賣了！—聲調語速是情緒表達的重要手段

◎ 「過來呀！」

這種人辦事果斷，喜歡與他人共享自己的感情和思想，好冒險，不過能及時從失敗中吸取教訓。

◎ 「看到你很高興。」

這種人性格開朗，待人熱情、謙遜，喜歡參與各式各樣的事情，而不是袖手旁觀。他們開朗活潑，是十足的樂觀主義者。不過，他們喜歡幻想，常被自己的情感所左右。

◎ 「有什麼新鮮事？」

這種人野心勃勃，好奇心極強，凡事都愛刨根問底，弄個究竟。他們熱衷於追求物質享受，並為此不遺餘力。他們辦事計劃周密，有條不紊。

◎ 「你怎麼樣？」

此類人喜歡出風頭，希望引起別人的注意，充滿自信，但又常常陷入深思。行動之前，他們喜歡反覆考慮，不會輕易採取行動。而一旦接受了一項任務，他們就會全力以赴地投身其中，不達目的，誓不罷休。

上篇
情緒洞察課──辨識他人情緒，就能掌控局勢

六種透露個性的說話習慣

每個人的說話方式都不同，不同的說話方式展現了不同的個性特點。如果你的身邊有以下幾種類型的人，你就要小心提防了：

◎ 吹噓有靠山的人

到處吹噓自己有靠山的人總是喜歡自動把這個「祕密」得意揚揚地說出來。他們吹噓的內容，大致如下：

「我在某部門可暢通無阻。因為該部門的負責人是我的近親。所以，要打通關節，簡直易如反掌。」

「某醫學大學有幾位與我交情匪淺的老教授，如果你的孩子想進那所大學，我可以替你牽線⋯⋯」

對這種人，你絕對要小心。因為，當你真的想請他促成某一件事時，他一定會說下面的話：

「介紹某某某跟你認識當然可以，但你打算出多少錢作見面禮？」

「進醫學大學，可得花一大筆錢。」

如果你詳加調查，就會發現如下事實：他說的近親，原來是虛構的人物；他說的交情匪淺的教授，根本就不屑與他為伍；他說的「某某某」，根本就不認識他。

第四章
一開口,你就被出賣了!—聲調語速是情緒表達的重要手段

◎ **輕易許諾的人**

這種類型的人,越是有人託他辦什麼事,他就越振作。他們答應別人的要求時,總是毫不猶豫、輕鬆愉快,但事後卻幾乎都是不了了之。

如果輕信他們,你就極有可能掉入陷阱。

這些一開始就沒有替人辦事的真心卻一律應諾的人,應被劃入危險人物之列。對這種人千萬不能輕信,否則,你將遭到意想不到的損失。

◎ **言談舉止因人而異的人**

與客戶應酬花公司的交際費時,如上司不在場,總是把最貴的威士忌當茶猛喝;如上司在場,就說:「我喝啤酒就好了。」

在部屬面前,總是擺出科長的臭架子,一副唯我獨尊的樣子;在上司面前就搖身一變,像伺候國王那樣畢恭畢敬。

這類因對象的不同而改變態度的「善變型」人物,也該被劃入不值得信賴的危險人物之列。當他對你誠懇地說:「這件事情的真相,其實是這樣的⋯⋯」或是說:「這個祕密我只對你說⋯⋯」你千萬不要因他誠懇的口氣而輕信,因為他在別人面前,八成也會說這種話;換句話說,他是個「一口兩舌」的撒謊者。如此判定,你才不至於吃大虧。

這一類型的人,具備「善變」的本領,而且天天思索此技,其編造謊言、假裝正經的技巧越來越高明。雖然在目前,他好像不會讓你受害;但你若太大意,有朝一日,定會掉進他的圈套裡。

◎ 搬弄是非的人

不要以為把各種小道消息告訴你的人便是你的朋友,他們很可能是希望從中得到更多的談話材料,從你的反應中再編造故事。所以,聰明的人不會與這種人推心置腹。而令他們遠離你的辦法,是對任何有關你的傳聞反應冷淡。

如對方總是不厭其煩地把不利於你的消息輾轉相告,對你的情緒造成很大的負面影響,你應拒絕和他見面或不接他的電話。總之,此類人不宜過多交往。

◎ 嘴巴甜的人

這種人開口便是大哥大姐,叫得又自然又親熱,也不管和你認識多久;除此之外,他們還善於恭維你,把你「哄」得酥酥麻麻的。這種人因為嘴巴伶俐,容易使人毫不設防。如果他圖謀不軌,陶醉於甜言蜜語的你很容易上當。而且,你可能會因為他的奉承而不去注意他品行上的缺點,容易把小人當君子,把壞人當好人。

所以,碰到嘴巴甜、會奉承的人,你必須拉起你的警戒

第四章
一開口，你就被出賣了！─聲調語速是情緒表達的重要手段

網，和他保持距離，以便好好觀察。如果你能冷靜地不予熱烈回應，對方便會自討沒趣，露出原形。不過，為了避免「以言廢人」，你不必先入為主地拒他於千里之外，但是須隨時警醒：古時很多王朝，就是被這種嘴巴甜的佞臣弄垮的。

◎ 隱忌掩飾的人

這種人好像沒有脾氣，你罵他、打他、羞辱他，他都笑咪咪的，有再多的不高興，也藏在心裡，讓你看不出來。他們把自己隱藏起來，不讓你知道他的過去、家庭、同學，也不讓你知道他對某些事情的看法。換句話說，他們是高深莫測的人。你搞不清楚這種人心裡在想些什麼，也搞不清楚他的好惡及情緒波動。碰到這種人，真的讓人無從應對。也因此，如果他對你有不良的企圖，你是無從防備的。因此對這種人，你要避免表露內心的祕密，更不可和他談論私人的事情。與這種人保持禮貌性的交往，他打哈哈，你也打哈哈；同時，也要避免做出得罪他的事。

要聽懂「話中話」

俗話說「說話聽聲，鑼鼓聽音」，指的是要注意說話者的「弦外之音」。因為生活中有大量的話不好意思或者不方便直接說出來，於是人們就會採用一語雙關、含沙射影等頗具藝

上篇
情緒洞察課─辨識他人情緒，就能掌控局勢

術性的語言，靠暗示來表達。這種情況下，我們就需要結合當時的語境與說話者的情緒來推斷其內心的真實想法。

一家大公司要招一個財務總監，前來面試的人很多，經過初試、複試，最後只剩下五個人。在最後一次面試中，面試官問了他們一個問題：「你怎麼樣能幫公司逃掉 1,000 萬元的稅？」

大家都絞盡腦汁地想辦法，第一個應徵者說可以做些手腳；第二個應徵者說可以那樣做一下帳，絕對不會被發現……聽了這些答案後，面試官什麼也沒有說，只是讓他們回家等通知。

最後一個應徵者進來後，面試官問了他同樣的問題。這個應徵者聽完一愣，沉吟了一下，說：「如果真的必須這樣，那麼對不起，我退出，我想貴公司的這個職位不適合我。」說完他起身準備告辭。這時，面試官站起來朝他笑了：「請留步，你是這次來應徵的人中最有原則的，你通過了最後的考試。我相信你會把這份工作做得非常出色，歡迎你加入我們！」

對於面試官的提問，應徵者千萬不可疏忽大意，一定要思索一下面試官的「話中話」。為了全方位掌握應徵者的思想或者職業素養，許多面試官就喜歡「攻其不備」，旁敲側擊，以確定你是否就是他們要的人選。

應徵者還應注意，在有限的面試時間裡，面試官不會有

第四章
一開口，你就被出賣了！—聲調語速是情緒表達的重要手段

閒情逸致聊與主題無關的東西，對於一些原則性的問題，你絕不能給予拖泥帶水的回應。

某中學校長到某大學選畢業生，欲應徵幾名教師和校刊編輯。一位新聞系的學生前來應徵。一見面，這位中學校長便說：「你們學的是編輯專業，但我們校刊是一份小報，我想多少有些大材小用。你大概是打算到我們這裡來累積經驗，然後跳槽到大報社去吧？」

這名學生見校長笑容和藹，沒聽出校長說這話的深意，也就沒對這話做出回應，只是笑了笑。其實，這個學生根本沒有跳槽之意，但校長以為他預設了自己的推測，就馬上把他否決了。

生活中，有一部分人總是關注自己的外表。和他們交談你會感覺有些喘不過氣來，他們總是在糾結「是不是變胖了」、「臉上是不是長痘痘了」等問題。他們究竟出於什麼心理，要向你坦言自己「變胖了」或「長痘了」呢？

假設你有個久沒見面的朋友，他非常胖，你從前沒少拿他的胖開玩笑。如果有一天你們在街上重逢，他多半會搶先說：「我是不是又胖了啊？」是的，他是在先發制人，因為他不了解你的感受，過胖的陰影又使他忐忑不安。他總有一絲擔心：「好久不見了，你不會又說我胖了吧？乾脆我先說出來封你的嘴吧！」

其實這樣的人既自我又自卑。他總是覺得別人會把目光放在自己的身上，同時，又覺得自己身上有不完美的地方。他雖然直言自己變胖了，心裡卻十分渴望能得到你的否定回答。如果你說「你哪裡胖了，明明瘦了嘛」，他會笑得連耳朵都紅了。

誰也不想聽到命令式的語言

有些人習慣用「指導性語言」去教導、指正別人，他們不管自己懂不懂，也不管自己做得好不好，就是習慣指導別人該怎麼做。雖然，有時「善意的指導」確實對別人有益，但動不動就以這種態度來指正對方，常會引來別人的反感。

有位中學老師離職後，轉任保險公司業務員。由於當過老師，她在與同事、客戶說話時，常不自覺地說：「我這樣講，你懂不懂？」後來，有個男同事對她說：「我們是妳的同事，不是妳的學生，拜託妳講話時不要一直問我們『懂不懂』好不好？好像我們都很笨的樣子！」

可見，「指導性語言」若用得不恰當，或用得太多，就會變成「批評」，甚至是「找碴」。因為「指導性語言」通常帶有「上對下」的教訓口吻，有違平等交流的原則，會讓對方感到不快。不管是名流顯貴還是平民百姓，作為交談的雙方，他們都應該是平等的。

第四章
一開口,你就被出賣了!—聲調語速是情緒表達的重要手段

例如:比起「讓我做」這句話,我們大概更喜歡聽到「請給我一個機會」。初次見面時,因彼此都不了解,有必要保持節制有禮的態度。「讓我做」聽起來有些盛氣凌人的意思,這是我們所不喜歡的;而「請給我一個機會」就比較婉轉,會讓別人感到很舒服。

關於維多利亞女王,有這樣一個故事:

維多利亞女王很晚才結束工作,當她走回臥房門前時,發現房門緊閉,於是她抬手敲門。臥房內,她的丈夫阿爾伯特親王問:「是誰?」

「快開門吧,除了維多利亞女王還能是誰?」她沒好氣地回答。

沒有回應。

她接著又敲,阿爾伯特親王又問:「請再說一遍,妳到底是誰?」

「維多利亞!」她依然高傲地回答。

還是沒動靜。

她停了片刻,再次輕輕敲門。「誰呀?」阿爾伯特親王又問。

這次維多利亞女王輕聲應答:「我是你的妻子,幫我開門好嗎,阿爾伯特?」

門開了。

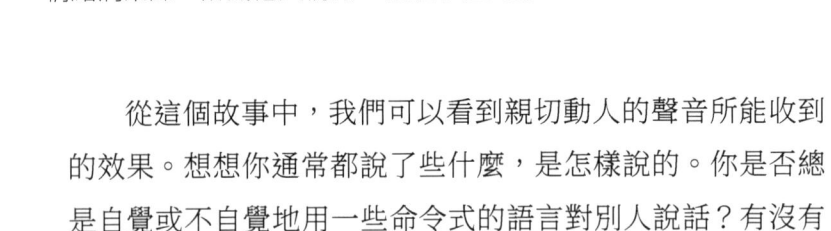

從這個故事中，我們可以看到親切動人的聲音所能收到的效果。想想你通常都說了些什麼，是怎樣說的。你是否總是自覺或不自覺地用一些命令式的語言對別人說話？有沒有人曾叫你說話聲音小一點？請一定要多多關注自己的說話方式，它是你的整體形象中的一個重要組成部分。

下篇
情緒管理課 ——
提升自制力,遇見更好的自己

人最大的敵人是自己。如果任憑感性支配自己的行動,便使自己成為情緒的奴隸。自制力意味著自制和意志力。那些 EQ 高、能掌控自己的人能更好地控制自己的欲望、情緒和行為,更好地應對壓力、解決衝突、戰勝逆境,最終成就卓越人生。

下篇
情緒管理課──提升自制力，遇見更好的自己

第五章
了解自我 ──
正確認識自己，是控制情緒的前提

天堂與地獄

在古希臘戴爾菲城的一座神廟裡，鐫刻著蘇格拉底的一句名言：「認識你自己。」它是這座神廟裡唯一的碑銘，要求人們在情緒產生的時候，能感知它的存在，進而有目的地控制它。

然而，認識自己並非易事，所謂「不識廬山真面目，只緣身在此山中」，講的就是這個道理。有一次，朋友問我世界上什麼事最難，我說賺錢最難，他搖頭。「哥德巴赫猜想？」他又搖頭。我說：「我放棄，你告訴我吧。」他神祕兮兮地說：「是認識你自己。」的確，連那些最富於思想的哲學家們都這麼說。

我是誰，我從哪裡來，又要到哪裡去，我為什麼要這麼做，我為什麼不高興⋯⋯從古希臘開始，人們就不斷地問自己，然而至今都沒有得出令人滿意的答案。即便如此，人們也從來沒有停止過對自我的追尋。

正因為如此，人們常常迷失在自我當中，很容易受到周

第五章
了解自我—正確認識自己，是控制情緒的前提

圍資訊的暗示，並把他人的言行作為自己行動的參照。認識自己，心理學上叫自我知覺，是一個人了解自己的過程。在這個過程中，人們容易受到來自外界資訊的暗示，從而出現自我知覺的偏差。有這麼一個流傳很廣的故事：

好鬥的武士向一個老禪師詢問天堂與地獄的含義。

老禪師說：「你性格乖戾，行為粗鄙，我沒有時間跟你這種人論道。」

武士惱羞成怒，拔劍大吼：「你竟敢對我這般無禮，看我一劍殺死你。」

禪師緩緩道：「這就是地獄。」

武士恍然大悟，心平氣和地納劍入鞘，向禪師鞠躬，感謝指點。

禪師又言：「這就是天堂。」

武士的頓悟說明，人在陷入某種情緒時往往並不自知，總是在事情發生後，經過反省才會發現。其實情緒是多種多樣的，人與人之間有很大的差異性。

造成個體差異的原因可歸納為三個方面：

第一，人有天生氣質上的差異，對內在、外在刺激的敏感程度不同。

第二，每個人都有獨特的個人經驗。例如：若曾遭受過強烈的外在傷害，相關的情景就比較容易引發相似的情緒。

下篇
情緒管理課—提升自制力，遇見更好的自己

被狗咬過的小孩，看到狗比沒有此經驗的小孩容易感到害怕。

第三，每個人都會形成自己獨特的認知結構，對事件的詮釋、評估不同，自然也會造成不一樣的情緒體驗。例如：走在路上時，如果發現有路人注視，有些人會認為此人有意挑釁，就會心生憤怒；有些人會認為此人在欣賞自己的穿著品味，則得意之情油然而生。

了解自我是天底下最難的事情。在日常生活中，人既不可能每時每刻去反省自己，也不可能總把自己放在局外人的位置來觀察自己。正因為如此，人們往往可以影響和改變他人，而認識自己、積極改變自己卻非常艱難。

你是情緒的奴隸嗎？

想要掌控情緒，必先了解它。只有這樣，才能因勢利導，做情緒的指揮官。這是一個非常重要的原則。須知，你的情緒不是孤立的，也不是無法把握的，你的思想能直接影響你的情緒。情緒智力首先表現為對自己情緒的辨識和評價，也就是能及時地辨識自己的情緒，知道其產生的原因。

誰了解自己的情緒，誰就能充分、合理地利用、操控、駕馭它。誰要是不了解自己的情緒，就只能無助地聽任它的擺布，成為它的奴隸。

因此，你必須了解情緒的變化情況——也就是說，在溝

第五章
了解自我—正確認識自己，是控制情緒的前提

通中，什麼是觸動你某種情感的誘因。

只要你清楚地了解這些誘因，就能對溝通中發生的各種情況進行妥當的處理。

一般來說，自制力超強的高 EQ 者是透過兩種途徑了解自己的。

◎ **透過別人對自己的評價來認識自己**

他人評價比自己的主觀認識具有更大的客觀性。如果自我評價與周圍人的評價相差不大，說明你的自我認知能力較好；反之，則代表你在自我認知上有偏差，需要調整。

然而，對待別人的評價要有認知上的完整性，不可只以自己的心理需要注意某一方面的評價。應全面聽取，綜合分析，恰如其分地對自己做出評價和調節。大多數人透過別人的看法來觀察自己，為獲得別人的良好評價而苦心迎合。但是，把自己的自我認知完全建立在別人的評價上，就會面臨嚴重束縛自己的危險。

◎ **自省 ── 透過生活閱歷了解自己**

人生的棋局該由自己來擺，不要從別人身上找尋自己，應該經常自省並塑造自我。

成功和挫折最能考驗個人的修養性情，因此，我們可以透過自己成功或失敗時的經驗教訓，來發現自己的情緒特

下篇
情緒管理課—提升自制力，遇見更好的自己

點，在自我反省中重新認識自我，把握自己的情緒走向。

　　了解自己情緒的人，大多善於將自己的情緒調節到一個最佳狀態，順應他人的情緒基調，輕而易舉地將他人的情緒納入自己的主航道。這個本領讓他們在交往和溝通中一帆風順。

　　強而有力的領袖人物、富於感染力的藝術家都能敏銳地認識和監控自己的情緒表達，不斷調整自己的社會表演。他們像高明的演員，善於調動成千上萬的人與自己同醉同痴。

　　當你開始觀察和注意自己內心的情緒體驗時，一個有積極作用的改變正悄然發生，那就是 EQ 的作用！

　　高 EQ 者往往能有效地察覺自己的情緒狀態，理解情緒所傳達的意義，找出它產生的原因，並對自我情緒做出必要的恰當的調節，始終保持良好的情緒狀態。低 EQ 者則因無法及時地了解自我情緒產生的原因，而不能有效地進行控制和調節，致使消極情緒影響心境，久久不退。

　　在生活中，有些人樂觀向上，有些人卻悲觀絕望，究其原因，是他們觀察和處理自己情緒的方式不同。心理學家邁耶將人的情緒管理方式分成幾種類型：

◎ 自我覺知型

　　一旦情緒出現，自己便能覺察。這種人情緒複雜豐富，心理健康，人生觀積極向上；情緒低落時絕不輾轉反側，纏綿其中。自我覺知型的人能有效地管理自己的情緒。

第五章
了解自我—正確認識自己，是控制情緒的前提

◎ **難以自拔型**

這種人一旦捲入情緒的低潮中便無力自拔，聽憑情緒的主宰。他們情緒多變，反覆無常，而又不自知，常常處於情緒失控狀態，精神極易崩潰。

◎ **逆來順受型**

這種人很了解自己的感受，接受並認可自己的情緒，並不打算去改變。這類人又被稱為認可型。

認可型又分為兩種：樂天知命型——整天開開心心，自然不願也沒必要去改變；悲觀絕望型——雖然意識到自己處於不良情緒狀態，但採取不抵抗主義，憂鬱症患者就屬於這種類型，他們在自己的絕望痛苦中束手待斃。

高 EQ 者是自我覺知型的人，他們了解自己的情緒，能對自己的情緒狀態進行認知、體察和監控。他們具備自我意識，注意力不會因外界或自身情緒的干擾而迷失，具有在情緒紛擾中保持中立自省的能力。

情緒好像「發電機」

情緒可為我們帶來成就，也可能使我們失敗，所以，我們必須學會控制自己的情緒。如果無法控制自己的情緒，你的一生將會因不時的情緒衝動而受害。

下篇
情緒管理課—提升自制力，遇見更好的自己

當你產生負面情緒的時候，不妨找一個獨處的環境，「聆聽」自己的情緒，深入地體會自己正經歷的感受是什麼：是內疚、怨恨、害怕、驚訝，還是哀傷？人的情緒體驗不是單一的，常常是幾種情緒混雜在一起。

這時，你要仔細分辨一下目前究竟哪種情緒是最主要的，並留意此時的身體反應。然後，你需要與情緒「對話」。你的感受一定不是沒有原因的，儘管或許你並不知道確切的原因是什麼。這時，你不妨問自己如下幾個問題：

- ◆ 我怎樣形容自己的情緒？
- ◆ 是什麼人（事）使我有這樣的感受？為什麼？
- ◆ 我的情緒與事實成正比嗎？
- ◆ 這些情緒與過去的經歷有關嗎？
- ◆ 我允許自己有這樣的情緒嗎？如果不能，為什麼？

最後一個問題常常使我們發現，有些感受是我們不願承認的，因為這樣會表現自己的「弱點」。比如：這幾天你不太高興，因為發現同學借你的東西不還，你感到很氣憤。可是，你不願意承認，因為這種情緒會使你覺得自己「小心眼」。這時，最重要的是要提醒自己，你也是人，自然有「人之常情」。如果你多和別人交流，就會發現，其實別人也有相同或類似的感受，只不過大家都不敢承認罷了。

向可信賴的朋友傾訴，會幫助我們接納自己的情緒。當

第五章
了解自我－正確認識自己，是控制情緒的前提

我們能夠了解和接納自己的情緒時，情緒的困擾差不多已經解決了一大半。然而，情緒其實只是一個指標，它告訴我們現在正處於怎樣的現實。所以，要想真正地面對自己的情緒，有時我們還需要改變一些不太正確的想法，調整一些日常的生活習慣。

香港「突破」機構的前副總幹事李兆康先生多年從事青少年心理輔導工作，他在一本小冊子中用了四個形象的比喻來描述情緒：

◎「保全系統」

情緒好像是我們心理上的「保全系統」。一旦身邊的事和人對我們的身心構成威脅，這個保全系統就會發揮作用，發出相應的警報訊號，這樣，我們就可以及時地採取適當的應對措施保護自己。比如：如果遇到危險的情況，這個保安系統就會產生恐懼情緒，迫使我們要麼躲避，要麼抵抗；如果有人刺傷你的自尊，你的心裡一定先是鬱悶，然後變為憤怒，這提醒你必須尋求疏解。

另外，如果我們做錯了事，內心會感到內疚和自責，這些情緒又會驅使我們改正自己的行為，為自己的錯誤做些補償。

當然，這個保全系統也有失靈的時候。它可能會反應過度，小小的刺激便警報大鳴；也可能對危險和過失漸漸麻木，毫無反應。

下篇
情緒管理課─提升自制力，遇見更好的自己

所以，人需要經常自我反省，校正自己的價值觀念。只有摒棄不太正確的態度、思想，才可以使這個保安系統保持正常執行。

◎ 「發電機」

情緒好像「發電機」，它可以源源不斷地產生能量，用以推動人的各種行動。比如：因自信、愉快、感激、同情等產生的情緒，被人稱為動力性情緒。

然而，在我們的生命中，不可避免地會產生一些令人不快的情緒。那些因憤怒、怨恨、急躁、不滿、憂鬱、痛苦、焦慮、恐懼、嫉妒、羞愧、內疚等產生的情緒，被人稱為耗損性情緒。這些情緒在一定程度上會消耗我們的能量。

但是，這些負面情緒若不過量還是有其正面價值的。在感受痛苦的同時，我們也得到了探索和成長的機會。當然，如果我們的生命中充滿了耗損性情緒，大部分的能量就會被白白地浪費，這部「發電機」就不能發揮出應有的功效。

◎ 「編織的彩毯」

情緒又好像一塊「編織的彩毯」，全看你自己喜歡用哪種色彩的毛線來編織。如果你偏愛灰黑色，織出的毯子就會黯淡無光；如果你只用白色，毯子顯得單調；如果你善於使用各種顏色自然地交織，就會織成色彩繽紛的彩毯。

同樣的道理，你若容許自己自然流露各種情緒，既不過

第五章
了解自我—正確認識自己，是控制情緒的前提

分壓制，也不將自己淹沒在情緒的低潮中，你的人生也必定會像一塊彩毯一樣多姿多彩。

◎「化學作用」

情緒讓人聯想到「化學作用」。在人與人交往中，若充滿因仇恨、嫉妒、自私、傲慢等而生的負面情緒，會令人不寒而慄。反之，若人際關係中多一些由愛、寬容和體諒而生的正面情緒，會讓人樂在其中。

可見，若能恰當地處理自己的情緒，可以為我們的生命新增色彩。反之，情緒可能會成為我們的負擔，侵蝕我們的生命。

然而，恰當地處理情緒並不意味著你要時時刻刻使自己快樂。實際上，那些負面的情緒能為我們的成長提供契機。我們必須經歷一個逐漸反省的過程。有了成熟的反省過程，我們才能經得起情緒的衝擊，才能不做情緒的奴隸。

情緒也有週期

你的情緒會不會起伏不定？

當然會了。有些時候你恨不得鑽進地洞藏起來，遠離這個世界。你一身晦氣，做什麼都成功不了，一件生意都談不成。煩透了，對不對？還有一些時候，你一帆風順。從起床開始，你就好像戴上了玫瑰色的眼鏡，充滿樂觀，周圍的一

下篇
情緒管理課－提升自制力，遇見更好的自己

切都是那麼可愛，事事順心如意。

就像一年有四季變化一樣，人的情緒也有週期。所謂「情緒週期」，是指一個人的情緒高潮和低潮的交替過程。它反映人體內部的週期性張弛規律。當人們處於情緒週期的高潮時，常感到心曠神怡，會表現出強烈的生命活力，對人和藹可親，感情豐富，做事認真，容易接受別人的規勸；若處於情緒週期的低潮，則常感到孤獨與寂寞，容易急躁和發脾氣，易產生反抗情緒，喜怒無常。

加州大學曾進行了一項科學研究，結果顯示，人類情緒週期平均為五週。也就是說，一個人的心情由高興到沮喪，再回到高興，往往需要五週的時間。

五個星期！也許你的情緒週期較長或較短，不過你一定希望了解自己的高潮期與低落期。下面介紹一種簡便的製表方法，它可以幫助你了解自己的情緒變化規律：

以一年中的某個月為例，縱行填寫1號、2號、3號……30號（或31號），橫行填寫不同的情緒指數，包括興高采烈、愉悅快樂、感覺不錯、平平常常、感覺欠佳、傷心難過、焦慮沮喪。

每天晚上花點時間想想當天的情緒，在與之相符的一欄做上記號。過些日子，把這些記號連線起來。不久你就會發現其中的規律，這就是你的情緒韻律。

第五章
了解自我－正確認識自己，是控制情緒的前提

再過幾個月，你就會驚奇而準確地知道，什麼時候你的高潮將至，什麼時候你得小心低潮的到來。知道了這一點後，你就可以預測自己的情緒變化，並相應地調整自己的行為。情緒高昂時，注意不要隨意承諾，一定要三思而後行；情緒低迷時，不妨鼓勵自己這種情況很快就會過去。

情緒週期好比一張晴雨表，我們可據此安排好自己的規劃。情緒高漲時安排一些難度大、較煩瑣的任務；而在情緒低落時多出去走走，多參加體育鍛鍊，進行一些健康向上的活動，同時多向親朋好友傾訴，尋求心理上的支持，安全地度過情緒危險期。

同時，遇上低潮期和臨界期，我們要提高警惕，運用意志加強自我控制，也可以把自己的情緒週期告訴自己最親密的人──一方面讓他們幫助你克服不良情緒，另一方面可避免不良情緒給你們之間帶來誤會。

◎ 男人的情緒週期

劉女士來到心理門診向醫生訴說：「我老公什麼都好，就是有時莫名其妙地朝我和兒子發火。奇怪的是每到月底基本上都是這樣，不知是怎麼回事？」

醫生告訴劉女士，這是情緒處於低潮期的表現。

其實，每位男士在每個月都有這麼幾天情緒低潮期，像女士的「例假」那樣準時，所以不少專家稱其為男人的「例假」。

下篇
情緒管理課—提升自制力，遇見更好的自己

如果為人妻者不了解男人的這一特性，就會在這個時候遭受到莫名其妙的打擊。妳會發現，沒有任何明顯的理由，心愛的男人就會突然疏遠自己。他好像很冷淡，甚至不願意跟妳說話，總是躲在一邊，或者看書，或者看電視。當妳努力接近他時，他的反應也令人難以接受。如果妳以為愛情就此結束，那就錯了。

中國心理學專家杜亞松博士指出，每個人都有一定的生物節律，只不過有些人明顯，而有些人不明顯。一般人的情緒低潮一個月左右出現一次，在這個時期心情煩悶、無故發怒等是很正常的。

男士們可以用半年左右的時間尋找自己的「例假」規律，依據情緒週期把工作妥善安排好，必要時參加一些輕鬆活潑的活動以調節自己的情緒。更重要的是，做妻子的應在此時更關心理解丈夫，做好其心理疏導工作，防止給他施加更大的壓力。

為什麼正常人也會間歇性地發生不同程度的心理異常呢？其「病因」主要有三：

- 一是在你與周圍世界的「碰撞」中，不可避免地要產生各種負面情緒。當「情緒累積」達到一定程度時，容易出現身心失衡，需要透過適當的方式來宣洩；
- 二是工作和生活壓力超過了身心所能承受的範圍，激起了情緒的「抗議」；

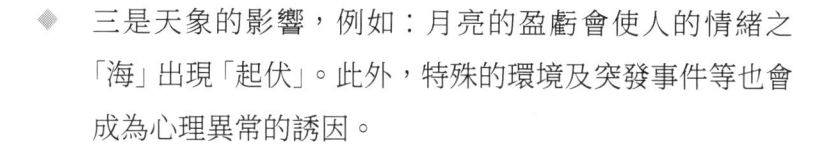

第五章
了解自我－正確認識自己，是控制情緒的前提

◆ 三是天象的影響，例如：月亮的盈虧會使人的情緒之「海」出現「起伏」。此外，特殊的環境及突發事件等也會成為心理異常的誘因。

心理學家認為，間歇性輕度情緒失控、輕度心理異常人人皆有，但每人的發洩方式卻不一樣。像劉女士的丈夫那樣向親人發洩，具有很大的破壞性，也是一種傷人又傷己的行為方式。

◎ 女人的情緒週期

女人行經前的一個星期左右以及行經期間，身體通常會感到不舒適，或出現種種毛病，例如腹瀉、便祕、關節痛、容易疲倦、長粉刺暗瘡、胸部脹痛、頭痛等；有些人還會沮喪、神經質、容易發脾氣。

以上種種與經期有關的症狀，醫學上稱為「經前症候群」。這些症狀形成的原因有很多，主要是跟體內荷爾蒙變化有關。一旦體內的荷爾蒙出現變化，馬上會影響到心理情緒。建議妳在日曆上記下妳的情緒週期，一旦感到憂鬱、焦躁不安、想發脾氣，立即看看是否情緒低潮期到了。那樣，妳就可以幫助自己舒緩情緒，冷靜平和下來，自在地度過這每月一次的煩惱。

你的顧客或者家人也同樣有情緒週期，你興高采烈時，別人可能正垂頭喪氣。所以，如果對方對你的想法不屑一顧，千萬別洩氣，幾天以後那個人可能就變得開心起來，對你的想法大加讚賞。

下篇
情緒管理課—提升自制力,遇見更好的自己

認識你自己

在一條大街上依次排列著四家服裝店,你經常光顧哪一家?從左上至右下排序。

第五章
了解自我─正確認識自己,是控制情緒的前提

　　選擇第一家的人最理性,情緒興奮性低且平穩,喜怒不形於色,人際交往適度,做事有條理,反應速度慢,內向沉著,不善言談,自制力強,熱衷於完成需要意志力和注意力的任務和工作。不過,他們有時顯得不近人情和冷漠,缺少變通。這樣的人,有壓抑自己情緒的傾向,一旦失控非常可怕,不發脾氣則已,一發即不可收拾。

　　選擇第二家的人最感性,不能自我克制,容易感情用事,心境變化劇烈,喜怒形於色,跟著感覺走,外向熱情,自制力差,精力旺盛,能夠長期工作而不知疲倦。但他們攻擊性強,不太顧及別人的感受,有時顯得以自我為中心。

　　選擇第三家的人比較敏感,內向愛獨處,不喜歡與人交往,總是考慮別人的感受,有時顯得多愁善感。但他們沉著冷靜,情緒體驗深刻而細膩,做事認真細緻。

　　選擇第四家的人開朗活潑,外向率真,善於交際,反應敏捷,注意力很容易受到外在環境的影響,也能夠較快地適應外界環境的變化。但他們情緒不穩定,興趣多變。

　　如果可以選擇多家呢?

　　選擇第一家和第三家的人性格內向,情緒穩定,但總是壓抑自己的情緒,容易憂鬱。

　　選擇第二家和第四家的人性格外向,情緒不穩定,喜怒形於色,但容易焦慮,甚至出現躁狂情緒。

下篇
情緒管理課—提升自制力，遇見更好的自己

選擇第一家和第二家的人，或者選擇第三家和第四家的人內心衝突比較多，常常自尋煩惱。

選擇四家都逛的人情緒比較平衡，性格比較中性，不易受負面情緒的長期影響。

下面，我們來認識一下職場中的自己。

不同的人猶如風味各異的糖果，那麼，你屬於職場糖果盒裡的哪一種呢？

◎ 熱力無限的巧克力

初出茅廬的你性格開朗，愛表現，對工作懷有極大的熱情，一旦受到賞識，就會使出渾身解數，完全投入，對於具有挑戰性的工作更有興趣。你渴望儘早得到同事們的認可和接納，人際關係尚佳。不過，青澀的你熱情過度，卻欠缺經驗，小心欲速則不達。

◎ 柔韌低調的麥芽糖

毫不起眼的你是辦公室裡的老前輩，能力出眾卻不善與人交際，總是默默無聞地做著分內的事。你外表冷硬，全身心投入工作，這使得同事們對你敬而遠之，卻又不得不常來請教。但是，你對工作過於苛刻，難免有鑽牛角尖的嫌疑。或許你可以躲過裁員，卻很難得到晉升的機會。

第五章
了解自我—正確認識自己，是控制情緒的前提

◎ 玩心十足的棒棒糖

你擁有活潑可愛的形象，人緣極佳；在工作中很活躍，常以較輕鬆的態度面對難題；能鼓勵同事積極向上；不貪功，不會讓人感覺到有威脅。但是真正重要的工作常常輪不到你來做，玩心太大、不成熟是你最大的軟肋。要是運氣再差一點，遇到一個老油條上司，前途更是一片黯淡。

◎ 新鮮熱辣的生薑糖

脾氣火爆、個性突出的你，業務能力無可挑剔，但做事讓人無法捉摸。你對喜歡的工作有股狠勁，出手絕少失誤，開拓性極強，非常適合打江山和解決突發事件。可惜突出的個性加上口無遮攔，得罪人便成了常事。

◎ 掩藏極深的夾心糖

也許你見多了職場裡的風風雨雨，所以把自己掩藏得很深，對待工作也只是盡本分，有能力但不主動。你表面上八面玲瓏，同事們卻不願與你深交，老闆對你的忠誠度也略有懷疑。所以，你得調整好心態，積極主動一些。這樣，上司的信任和相應的薪酬才會接踵而至。

下篇
情緒管理課—提升自制力，遇見更好的自己

參考他人的評價

我們常會遇到這樣一類人，他們身上的缺點那麼令人討厭：或愛挑剔、喜爭執，或小心眼、好忌妒，或懦弱猥瑣，或浮躁粗暴……這些缺點不但影響著他們的事業，還使他們不受人歡迎，無法與人建立良好的關係。

許多年過去了，這些人的缺點仍絲毫未改。細究一下，這些人心地並不壞，他們的缺點未必都與道德品格有關，只是他們缺乏自省意識，對自身的缺點太麻木了。

本來，別人的疏遠，事業的失利，都可作為對自身缺點的提示，但都被他們粗心地忽略了，因而妨礙了自身的成長。

了解那些經常與你接觸的人對你的評價，是了解自己的情緒的重要途徑。你可以邀請父母或者其他經常與你在一起的人用一些形容詞描述你。

不過，他人對你的看法，是供你做參考的。有時候，我們會發現來自他人的破壞性批評會對你產生不利的影響，這時就需要你認真分辨，小心「巴納姆效應」，不要讓一些錯誤的評價影響你對自己的信心。

親愛的讀者，我們未曾謀面，但有遙測能力的我卻能說出你的性格特點，你信不信？

第五章
了解自我—正確認識自己，是控制情緒的前提

你是一個非常需要別人好評的人。你希望有人喜歡你、欣賞你，但你對自己的種種情況還不甚滿意。你的內心蘊藏著巨大的能量，但你還沒能將這些能量完全釋放出來。儘管你平時遵紀守法，可是很多時候還是免不了有些牴觸情緒。你也常有些煩惱，會動搖、猶豫，可在關鍵時刻還是能夠自己拿主意的。你有時隨和可親、平易近人，能與人侃侃而談，有時卻顯得內向靦腆、小心謹慎。你有好多美好的理想，可是其中不少都缺乏現實性。

怎麼樣？我說得到不到位？是不是一針見血？

其實，這些模稜兩可又充滿辯證色彩的話幾乎適合每一個人！心理學家把人們樂於接受這種概括性性格描述的現象稱為「巴納姆效應」。你平時所了解的星座分析，乃至各種「算命」的解釋也是利用了這種效應。

「巴納姆效應」一方面揭示了我們的認知心理特點，另一方面也迎合了我們認識自己的欲望。事實上，認識別人難，認識自己更難。

有一位漂亮的長髮公主，自幼被巫婆關在一座高塔裡。巫婆每天對她說：「妳的樣子醜極了，見到妳的人都會害怕。」公主相信了巫婆的話，怕被別人嘲笑，不敢逃走。直到有一天一位王子經過塔下，讚嘆公主貌美如仙並救出了她。

下篇
情緒管理課─提升自制力，遇見更好的自己

其實，囚禁公主的不是什麼高塔，也不是什麼巫婆，而是公主認為「自己很醜」的錯誤認識。我們或許也正被他人所矇蔽，比如父母、老師說你笨，沒有前途，你也就相信了。此時的你不正如那位長髮公主嗎？

有人認為得了不治之症是人生最大的悲劇，也有人認為沒考上好大學是人生最大的不幸。其實，我們最大的悲劇與不幸在於我們活著卻不知自己有多大的潛能和應該做什麼！不了解自己，偏又想知道自己，於是很多人就選擇了拆字、看手相等探測自己命運祕密的玄虛遊戲。

利用神祕的第六感

第六感是在人類進化中沉澱下來的一種直覺。一旦場景有異，第六感馬上做出反應，迫使人們做出適當的反應和行動。

下面是《紐約時報》專欄作家高曼在一本書上描述的第六感：

有一座橋在我孩提時候印象最為深刻。一天下午，老師帶著我們在橋上玩。我現在仍然記得，那天我和傑米因為爭論橋的年齡而被老師稱讚。他說我們好學。

如今，我每天都要從這座橋上至少走兩次 —— 當然，是駕車經過。

第五章
了解自我－正確認識自己，是控制情緒的前提

秋日的午後，我回家取一樣東西。在離橋還有600公尺的時候，我感覺橋似乎抖了一下。一種奇怪的感覺攫住了我，也就在同時，我覺得很噁心，好像要嘔吐。

我於是就把車停在了路邊，搖開了車窗，呼吸新鮮空氣。突然，橋發出了巨大的聲音，它斷了！接下來的事我無法描繪出來，那是不多見的災難場面之一。

恐懼衍生的謹慎救了我一命。像兔子嗅到從狐狸身上飄過的氣息就立刻屏氣斂神，像史前哺乳動物一見到攫食的恐龍便四散逃匿，一種內在的警覺控制了我，迫使我停車，多加小心，警惕步步逼近的危險。

高爾曼認為，幾乎所有的情緒都是進化配置好的程式，可以驅使人們應付環境、即刻行動；每一種人類情緒反應都有其獨特功能，有其不同的生物特徵。以下就是高曼列舉的促使人們做出不同反應的情緒生理機制：

◎ **人在憤怒時**

血液湧向手部，便於抓住武器，擊打敵人。此時心跳加快，腎上腺素類激素分泌猛增，注入血液，產生強大的能量，以支持激烈的行動。

◎ **人在恐懼時**

血液流向骨骼肌，以便於奔跑；臉部則因缺血而變得慘白，同時會有血液流失的「冰冷」感覺。

可能有一瞬間軀體僵化，這也許是在爭取時間來衡量藏匿是否為上策。軀體處於全面警戒狀態，一觸即發，密切關注逼近的威脅，準備隨時採取行動。

◎ 人在快樂時

大腦中樞抑制消極情緒的部位啟用，產生憂慮情緒的部位則沉寂，準備行動的能量增加。不過，除這種靜止狀態外，並無其他特殊的生理變化，這將有利於機體從消極情緒的生理激發狀態迅速恢復。

◎ 人在放鬆時

副交感神經系統使機體處於一種平靜和滿足的狀態，樂於合作、配合。

◎ 人在驚訝時

眉毛上揚，擴大了視覺搜索範圍，視網膜上接收到更多的刺激，可獲取意外事件的更多資訊，有助於更準確地判斷事件性質及策劃最佳行動方案。

◎ 人在厭惡時

上唇扭向一邊，鼻子微皺。這種表情幾乎全世界都一樣，這似乎在暗示：某種氣味令人噁心。達爾文認為這是為了關閉鼻孔，阻止吸入討厭氣味，或欲張嘴嘔出有毒食物。

第五章
了解自我—正確認識自己，是控制情緒的前提

◎ 人在悲哀時

悲哀的主要功能是幫助調適嚴重的失落感。悲哀減退了生命的活力與熱情，使人們對消遣娛樂全無興致，繼續下去幾成憂鬱，機體的新陳代謝也因之減慢。但這也提供了一個反省的機會：悲悼所失，同時細嚼生命希望之所在，重聚能量，重整旗鼓，從頭再來。

早期人類會把這種能量暫時衰退的人留在家裡，因為此時他們較脆弱，易遭受傷害。可見，悲哀是一種安全保護機制。這一機制可使機體以逸待勞、養精蓄銳，以備迎接挑戰。

所以，當你身處某個場合，剎那間有以上所述的特別的感受時，一定不要輕易否定，它或許就是此時心情最精確的表現。

很多時候，人們在知覺某事發生之前，已出現相應的生理反應。舉例來說，當怕蛇的人看到蛇的圖片時，皮膚上會有汗水冒出，這是焦慮的徵兆，但這個人並不一定感覺害怕。甚至在圖片只是快速閃過時，他甚至沒有意識到看見什麼，當然也不可能開始感到焦慮，還是會有冒汗的現象。

這種潛意識期的情緒刺激持續增強，最後終將突顯於意識層。

可以說，人們都有有意識和無意識兩層情緒。在意識層之下，某些激昂沸騰的情緒會嚴重影響人們的反應，雖然他們對此可能茫然不覺。比如說，你早上出門時摔了一跤，到

> 下篇
> 情緒管理課─提升自制力，遇見更好的自己

公司時好幾個小時都因此煩躁不安，疑神疑鬼，亂發脾氣。但你對這種無意識層的情緒波動一無所察，別人提醒你時，你還頗為驚訝。

一旦這種反應上升到意識層，你便會對發生的事重新評估，決定是否拋開早上的事帶來的不愉快，換上輕鬆的心情。從這一意義來看，人們可以在情緒的自我意識的基礎上，培養自己走出惡劣情緒的能力。

做內心旁觀者

著名作家威廉‧史泰隆在自述嚴重憂鬱的心境時，曾有十分生動的描述：「我感覺似乎有另一個自我與我相隨──一個幽魂的旁觀者，心智清明如常，無動於衷，帶著一絲好奇，旁觀我的痛苦掙扎。」

有些人在自我體察時，的確對令自己困擾的情緒瞭然於胸，彷彿另一個自我在半空中冷靜旁觀。「我在憤怒面前不能自已了！」有人這樣描述自己當時的情緒。

在這種場景中有兩個「我」，一個身臨其境、怒火中燒的「我」，一個旁觀的「我」。旁觀的「我」以局外人的身分來觀察自己，評判自己的情緒。這個時候，他與自己之間存在某種程度的距離，是以一種鳥瞰的方式來打量自己。與自我保

第五章
了解自我－正確認識自己，是控制情緒的前提

持一定的距離，能夠更清楚地了解那個潛在的我，了解自己真實的情緒。

當你受到刺激需要發洩時，便可試著先強制自己冷靜，然後在腦子裡迅速地幻想出一個內心的旁觀者 —— 這個人可以是潛在的自我，也可以是另外一個人 —— 想像他就在你旁邊，注視著你，看你如何發洩不滿，內心正在嘲笑你。這時你便會覺得自己的行為有多麼不理智，就會重新審視自己的行為，從而獲得正確的處理辦法。

其實並不只是在有不良情緒時才需要自我分離，你可以隨時給自己設定這樣一個觀察自己的影子，來審視自己一段時間的行為。中國自古有「靜坐常思己過」一說，當你靜坐思過時，其實就已經在做一個內心旁觀者。此時，這個旁觀者會用社會賦予他的價值量尺來衡量行為的是非。

寬容、上進、樂觀是人們心中嚮往的正面的品格，自私、嫉妒、憤怒是人們不屑或摒棄的不良情緒，然而大多數時間，人們卻被這些不良情緒困擾。因為這些不良情緒合乎人們的生理欲望，極易出現。每一種想法都可能會導致你陷入某種情緒困境。而人的大腦每天都有 5 萬多個想法產生，隨之而來的情緒狀況可見一斑。情緒之複雜乃至於此，如果沒有良好的心態來駕馭，後果可想而知。

而駕馭這些情緒的關鍵就是自我反省、自我審視，做一

下篇
情緒管理課—提升自制力，遇見更好的自己

個內心旁觀者。其實很多引起不良情緒的事情換個角度考慮一下，或站在別人的立場做一下換位思考，也許並沒有那麼壞。很多時候，正是因為我們不善於做內心旁觀者，被一時的情緒矇蔽，才導致當局者迷，無法客觀理智地看待發生在自己身上的事情。

問一問自己的「WHWW」

自省是自我對動機與行為的審視與反思，是一種自我淨化心靈的手段。EQ 高的人最善於透過自省來了解自我。

從心理上看，自省所尋求的是健康積極的情感、堅強的意志和成熟的個性。它要求消除自卑、自滿、自私、自棄、憤怒等消極情緒，增強自尊、自信、自主和自強等良好的心理特質。自省是積極有為的心理，是人格上的自我認知、調節和完善。自省同自滿、自傲、自負相對立，也根本不同於自責、自卑這種消極病態的心理。

哲學家亞里斯多德認為，對自己的了解不僅僅是最困難的事情，也是最殘酷的事情。自我省察對每一個人來說都是很難的。真正認識自己、客觀而中肯地評價自己，常常比正確地認識和評價別人要困難得多。

心平氣靜地對他人、對外界事物進行客觀的分析評判，

第五章
了解自我—正確認識自己，是控制情緒的前提

這不難做到。但當這把手術刀伸向自己的時候，人們就未必心平氣靜、不偏不倚了。

然而，自我省察是自我超越的前提。要超越現實水準上的自我，必須首先坦白誠實地面對自己，對自身的優缺點有正確的認知。強者在自省中認識自我，在自省中超越自我。自省是促使強者塑造良好心理特質的內在動力。

任何只停留在外表的修飾美化，如改善口才、風度、衣著等，都無法使人真正得到成長。要徹底改變舊我，必須有一顆堅強的心來支撐你去經歷更高層次的蛻變。一個真正成熟的人應該在充分認識客觀世界的同時，看透自己。

在每個人的精神世界裡，都存在著矛盾的兩面：善與惡，好與壞，創造性和破壞欲。你將成長為怎樣的人，外因當然發揮作用，內省所起的作用也是不能低估的。你需要對自己不斷進行反思，在靈魂世界裡不斷地進行自我揚棄。

一個人在自己的生活經歷中，在自己所處的社會環境中，能否真正認識自我、肯定自我，如何塑造自我形象，如何掌控自我發展，將在相當程度上影響或決定著一個人的前程與命運。

換句話說，你可能渺小而平庸，也可能美好而傑出，這在相當程度上取決於你是否能夠反省。

認識自我是自信的基礎與依據。即使你處境不利，遇事

> 下篇
> 情緒管理課—提升自制力,遇見更好的自己

不順,但只要你的潛能和獨特個性依然存在,你就可以堅信:我能做到,我能成功。

1994 年,美國心理學家齊默曼(Barry J. Zimmerman)提出了著名的關於自我意識和自我監控的「WHWW」結構。「WHWW」分別指「Why」(為什麼)、「How」(怎麼樣)、「What」(是什麼)、「Where」(在哪裡)。齊默曼認為,與人的任何活動一樣,自省也可以從為什麼、怎麼樣、是什麼和在哪裡這四個方面來進行分析。

◎ 「為什麼」

自我意識和自我監控的內容就是動機,所解決的任務是對是否參與進行決策。

◎ 「怎麼樣」

自我意識和監控的內容是方法、策略,所解決的任務是對方法、策略進行決策。

◎ 「是什麼」

自我意識和監控的內容是結果、目標,所解決的任務是對取得什麼樣的結果和達到什麼樣的目標進行決策。

◎ 「在哪裡」

自我意識和監控的內容是情境因素,所解決的問題是對情境中的物理因素和社會因素進行決策和控制。

第五章
了解自我─正確認識自己，是控制情緒的前提

可見，按照齊默曼「WHWW」結構，自我意識和監控具有動機自我意識監控、方法自我意識監控、結果自我意識監控和環境自我意識監控的四維結構。

一個情緒化嚴重的現代青年可能具有高智商，可如果在「為什麼」這個維度上存在缺陷，那麼，將很難開發出智慧的潛能；同樣，在「怎麼樣」的問題上存在缺陷的現代人，可能整天忙忙碌碌，卻總是事倍功半；而在「是什麼」維度上不健全的人，則不能合理地估量事情的結果和結果對人生的意義，這樣的話，成功就容易與他失之交臂；至於在「在哪裡」這個問題上遇到麻煩的人士，他們會對社會環境以及自己在環境中的位置缺乏清晰的認知，不是高估自己，就是低估自己，從而導致自負或者自卑的消極情緒。

「捫心自問」是最好的反省方式。每一個渴望成功的人士都應問一問自己的「WHWW」，三思而後行，方能立於不敗之地。

神奇的自我意象理論

每個人都有巨大的潛能，都有自己獨特的個性和長處，都可以透過自省發揮自己的優勢，透過不懈的努力去爭取成功。

下篇
情緒管理課—提升自制力，遇見更好的自己

俗話說：人貴有自知之明。這實際上是說，每個人都應當對自己的素養、潛能、特長、缺陷、經驗等各種基本要素有清楚的認知，對自己在社會生活中可能扮演的角色有明確的定位。心理學上把這種有自知之明的能力稱為「自覺」，這通常包括察覺自己的情緒對言行的影響，了解並正確評估自己的資質、能力與局限性，相信自己的價值和能力等幾個方面。

在李開復給大學生的信中，有這樣的內容：

我的下屬中有一個「自覺心」明顯不足的人：他雖然有一些能力，但是自視甚高，總是對自己目前的職位不滿意，隨時隨地自吹自擂，總是不滿現狀。前一段時間，他認為我不識才，沒有重用他，決定離開我的組，並期望在微軟其他組中另謀高就。但是，他最終發現，自己不但找不到更好的工作，公司裡的同事也都對他頗有微詞，認為他缺少自知之明，期望和現實相距太遠。最近，他沮喪地離開了公司。接替他職位的，是一個能力很強，而且很有「自覺心」的人。雖然這個人在上一個職位時不太成功，但他明白自己升遷太快，願意自降一級來做這份工作，以便打好基礎。他現在的確做得很出色。

簡單地說，一個人既不能對自己的能力判斷過高，也不能輕易低估自己的潛能。對自己判斷過高的人往往容易浮躁、冒進，不善於和他人合作，在事業遭到挫折時心理落差

第五章
了解自我－正確認識自己，是控制情緒的前提

較大，難以平靜地對待客觀事實；低估自己能力的人則會在工作中畏首畏尾、踟躕不前，沒有承擔責任和肩負重擔的勇氣，也沒有主動請纓的積極性。無論是上述哪一種情況，個人的潛力都不能得到充分的發揮，個人事業也不可能取得最大的成功。

有自知之明的人既能夠在他人面前展示自己的特長，也不會刻意掩蓋自己的欠缺。坦承自己的不足而向他人求教，不但不會降低了自己，反而可以表明自己的虛心和自信，贏得他人的青睞。比如：當一個老闆對某個職員說「在技術上你是專家，我不如你，我要多向你學習」的時候，職員不但會認為這個老闆非常謙虛，也一定會對他更加信任，因為他了解自己的能力。

在微軟公司，大家在技術上互幫互學，在工作中互相鼓勵，沒有誰天天擺出盛氣凌人的架子，也沒有誰自覺矮人一頭，這就自然營造出了一種坦誠、開放的工作氛圍。

有自知之明的人在遇到挫折的時候不會輕言失敗，在取得成績時也不會沾沾自喜。認識自我的能力不僅僅可以幫助個人找到適合自己的空間及發展方向，也可以幫助企業建立起各司其職、協同工作的優秀團隊。

對於正確評價自己，自我意象理論是一種非常簡單而有效的方法。

下篇
情緒管理課─提升自制力，遇見更好的自己

　　自我意象是在自我認識或自我意識的基礎上形成的，是根據自己過去成功或失敗的經驗、他人對自己的評價而不自覺形成的。

　　童年經驗對自我意象的形成有重要影響。自我意象側重於對自身價值、自身能力、自己在社會上的地位的猜想和評價。

　　自我意象雖然是不自覺形成的，但一旦形成，人們就會依據它去判斷自己，並指導自己的行動，而很少懷疑它的可靠性。

　　如果你的自我意象是一個低能者，你就會經常在自己內心深處的那塊螢幕上看到一個無所作為、不受人重視的平庸的小人物。而且，遇到困難時你會對自己說原因在於自己沒有能力；在生活和工作中，你會感到自卑、沮喪、無力。

　　如果你的自我意象是一個多才多藝者，你就會經常在自己內心深處的螢幕上看到一個辦事俐落、受人尊重、進取向上的自我。這樣，在任何情況下，你都會對自己說：我能做好。在工作中，你就會有自尊、愉快、好勝等良好的心態，更容易取得成績。

　　自我意象確立的原則是：在真實自我的基礎上，對自我的評價最好稍微高一些。這樣會使你信心更強，制定的目標更大，把你的潛力更多地挖掘出來。自我評價偏低，尤

第五章
了解自我－正確認識自己，是控制情緒的前提

其是明顯偏低，是確立自我意象的大忌。那樣會損傷你的自信心，使你連現有的能力也發揮不出來，更不要說挖掘潛力了。

當你第一次獲得成功時，良好的自我意象就開始形成了。

對於許多人來說，有無良好的自我意象，有無自信心，往往首先取決於父輩是否有良好的自我意象。沒有良好自我意象的父母，很難培養出自信的孩子。

最需要調整的就是自卑的自我意象，當你總覺得自己一無是處、事事不如別人時，就應當主動修改自我意象。

這時候，你應當牢固地樹立這樣的信念：我是造物主的獨特創造，在這個世界上，沒有第二個跟我完全相同的人。天生我才必有用，我一定有存在的價值，也一定能夠找到自己存在的價值，因為我是獨一無二的！

自我評價過高的自我意象也應調整。對自己估價過高，不僅不利於客觀地設定進取目標，還會破壞人際關係，給自己走向成功的道路設定許多障礙。

威廉‧詹姆斯透過研究提出了一個公式，即：自足感＝成就÷抱負。這個公式顯示了一個人的自我感覺滿足與否，與個人的實際成就成正比，與抱負成反比。

如果一個人所取得的成就與其抱負相當，那麼他將對自己感到滿意，進而產生積極的自信感、成就感等。

下篇
情緒管理課—提升自制力，遇見更好的自己

　　如果成就小而抱負大，那麼此人將感到不滿足。他可能更加努力地取得成就，也可能放棄努力。

　　提高自信心的途徑，不外乎提高成績或降低抱負。

　　只有自信心與成就、抱負處於一種動態的平衡狀態，或一定程度的不平衡，即自信心越強、抱負越大，才有利於成就的取得和自我能力的提升。

　　堅定的信心與過於高大的自我意象，有時很難區分。獨特的見解、超凡脫俗的創造、別出心裁的設計、反潮流的行為……這些都是高級才智的表現。但是，這些表現在多數情況下，很難為多數人所接受。這時，堅持己見是自信心的表現，是有巨大創造才能的人所具備的一種心理特質。

　　可是，當你對自己的能力和貢獻大小的評價與多數人發生了分歧時，就應當考慮，是不是自己用高倍放大鏡放大了真實的自我。你要做的是盡量拉近真實的自我與自我意象之間的距離。

　　自我意象良好，自然會有自信心。可以說，良好的自我意象只不過是自信心的另一種表達方式。

　　有自信心的人通常的表現是，認為自己有智慧、有能力，至少不比別人差；有獨立感、安全感、價值感、成就感和較高的自我接受度；同時，有良好的判斷力，堅持己見，具有良好的合作精神和適應性。

第五章
了解自我—正確認識自己,是控制情緒的前提

　　自我意象如何,是能否取得成功的基礎。你覺得自己是個聰明的人,就不會在難題面前輕易罷休。你覺得自己將一事無成,就不會向更高的目標努力。

　　自信心是建立在良好的自我意象基礎之上的,它的方向始終指向遙遠的終點,指向困難,指向難以完成的事業。

　　而盲目自大的心理則源於對自己和別人都缺乏客觀的估價,容易導致坐井觀天,止步不前;它不指向未來,只著眼於眼前。

　　然而,優和劣之間的距離有時只有一步之遙。

　　當自信心幫你建功立業之後,你躺在功勞簿上睡大覺了,而且自以為自己的功業前無古人,後無來者。這時,曾幫你建功立業的自信心就轉化為盲目自大了。而且,這種盲目自大將讓你固執己見、思想僵化。

下篇
情緒管理課─提升自制力，遇見更好的自己

第六章
管理自我 ──
妥善處理情緒，是提高 EQ 的關鍵

請以溫情的方式對待情緒

　　北宋文學家王安石曾有一首打油詩，與「情緒智慧」有關：「風吹瓦墜屋，正打破我頭。瓦亦自破碎，豈但我血流。我終不嗔渠，此瓦不自由。」的確，砸到我們頭上的那片瓦是被風吹落的，它並沒有自由，也不是故意的！情緒就是一個這樣的東西，時刻伴隨著我們，我們要像認識手和腳一樣認識它、使用它，以溫情的方式相待。

　　在我們所做的事情當中，有許多都是受情緒影響的。由於我們的情緒可以為我們帶來偉大的成就，也可能使我們失敗，所以我們必須了解並善於控制自己的情緒。善於控制自己的人，定會廣受別人喜愛。相反，不善於控制自己的人，往往會惹來接連不斷的麻煩。

　　羅素・克洛是當今影壇炙手可熱的大明星。當年，他主演的《美麗境界》轟動全球，拿的獎項多得讓導演、演員手腕

第六章
管理自我－妥善處理情緒，是提高 EQ 的關鍵

發酸。羅素·克洛更被認為極有可能再次捧走奧斯卡小金人。但不少人也發表看法說「羅素·克洛不會得獎，不是因為競爭的激烈，而是他自己暴躁的性格」。

的確，離開了攝影機，羅素·克洛就成了暴躁的獅子。他愛發脾氣，酗酒。雖然觀眾喜歡有個性的演員，可是像羅素這麼大脾氣的也沒幾人能招架得住。從《驚爆內幕》、《神鬼鬥士》到《美麗境界》，羅素·克洛已經是第三次角逐奧斯卡最佳男主角了，但他卻因為自己的臭脾氣而犯了一次自殺性的致命錯誤。

當時，他獲得英國電影學院最佳男主角獎。羅素為了一表興奮之情，在領獎時賦詩一首。結果，這段內容被 BBC 在播出時刪掉了，羅素因此而大發雷霆。雖然他後來為自己的魯莽道了歉，卻沒得到大家的原諒。大家認為羅素縱然把約翰·奈許演得出神入化，可是他本人的性格卻讓人無法欽佩。

這是一個無可爭辯的事實：不善於控制自己的人是令人討厭的。

曾經有人對監獄裡的成年犯人做了一項調查，結果驚奇地發現：90% 的人之所以淪落至此，是因為缺乏必要的自制。由此可見，失去自制能力的後果是多麼可怕。

善於控制自己的情緒是一個人的美德，也是自身健康的助推器。

科學家們發現，大腦的情緒中心與免疫系統有著直接的

下篇
情緒管理課—提升自制力，遇見更好的自己

聯結。健康情緒能幫助人們抵抗感染、感冒等疾病。依靠健康的心態戰勝疾病的例子屢見不鮮，而那些恐懼、害怕、絕望的情緒則會讓疾病惡化得更快，甚至導致死亡。

社會上一度出現搶購「Hello Kitty」的熱潮，男女老少排著長龍，只為買一隻造型極簡單的「玩偶貓」。為什麼它如此大受歡迎？好多人實在想不透！但大家是否注意到，凱蒂貓只有眼睛、鼻子和鬍鬚，而沒有嘴巴！她只是乖巧無語地靜靜站著，既不會罵人、批評人，也不會用「情緒性字眼」指責別人！不是嗎？Hello Kitty 有一份「單純可愛的自在」，而沒有「多言惹禍的嘴巴」。

語言本身沒有「刺」，但是它一旦感染上暴怒、憤恨等情緒，就會讓聽者覺得「話中帶刺」。而這種「刺」恰恰會破壞一個人的形象，進而破壞人際關係的正常發展。傷心憤怒的情緒會時常伴隨著我們。我們應該勇敢面對生活中的挫折，消除這種情緒障礙，回到健康快樂的生活中。請記得富蘭克林這句話：「憤怒起於愚昧，終於悔恨。」

人們都說力的作用是相互的，我相信情緒也一樣。只有認識自己的情緒，控制自己的情緒，情緒才能賦予我們一個多彩和完整的人生。

第六章
管理自我—妥善處理情緒，是提高 EQ 的關鍵

氣急敗壞的候選人

新的一屆競選又開始了。一位準備參加參議員競選的候選人向自己的參謀們討教如何獲得多數人的選票。

其中一個參謀說：「我可以教你一些方法。但是我們要先定一個規則，如果你違反我教給你的方法，要罰款 10 元。」

候選人說：「OK，沒問題。」

「那我們從現在就開始。」

「OK，就現在開始。」

「我教你的第一個方法是：無論人家說你什麼壞話，你都得忍受；無論人家怎麼損你、罵你、指責你、批評你，你都不許發怒。」

「這個容易，人家批評我，說我壞話，正好給我敲個警鐘，我不會記在心上。」候選人輕鬆地答應道。

「你能這麼認為最好。我希望你能記住這個戒條，要知道，這是我教給你的所有方法中最重要的一個。不過，像你這種愚蠢的人，不知道什麼時候才能記住。」

「什麼！你居然說我……」候選人氣急敗壞地說。

「拿來，10 塊錢！」

雖然臉上的憤怒還沒退去，但是候選人明白，自己確實是違反規則了。他無奈地把錢遞給參謀，說：「好吧，這次是我錯了，你繼續說其他的方法。」

下篇
情緒管理課—提升自制力，遇見更好的自己

「這個方法最重要，其餘的方法也差不多。」

「你這個騙子⋯⋯」

「對不起，又是 10 塊錢。」參謀攤手道。

「你賺這 20 塊錢也太容易了。」

「就是啊，你趕快拿出來。你自己答應的。你如果不給我，我就讓你臭名遠揚。」

「你真是隻狡猾的狐狸。」

「10 塊錢，對不起，拿來。」

「呀，又是一次。好了，我以後不再發脾氣了！」

「算了吧，我並不是真要你的錢，你出身那麼貧寒，父親還因不還人家錢而聲譽不佳！」

「你這個討厭的惡棍，怎麼可以侮辱我家人！」

「看到了吧，又是 10 塊錢，這次可不讓你抵賴了。」

看到候選人垂頭喪氣的樣子，參謀說：「現在你總該知道了吧，克制自己的憤怒並不容易。你要隨時留心，時時在意。10 塊錢倒是小事，要是你每發一次脾氣就丟掉一張選票，那損失可就大了。」

人類在早期曾頒布過許多法則和法令，如《漢摩拉比法典》、《摩西十誡》等，這些都可看作約束情緒的企圖與努力。

然而以激情沖垮理性，正是人類本性使然。百萬年以來，演化過程緩慢而精細地建構著人們的情緒。但緩慢的進

第六章
管理自我─妥善處理情緒，是提高 EQ 的關鍵

化步伐，始終追趕不上現代文明的日新月異。

最近一萬年來，人類文明有了飛躍發展，人口也增加到 70 多億。但這一切都沒有在人類情緒的生理模板上留下多少印痕。

人們對每天遭遇的事情的評估及反應，不僅僅取決於我們的理性判斷與個體經驗，還來自遙遠祖先的回音。

當代人類在遭遇現代困境時，常常訴之於原始情緒。這種困惑正是我們要探討的核心主題，也是人們重視 EQ，並利用它來管理自我的意義所在。

負面情緒也是被允許的

情緒管理的一個重要步驟是接受自己的情緒。情緒本身不受意願的控制，它更像是我們身體內的自然現象，說來就來，說去就去。例如：小孩子生氣了，我們不要說「不准生氣」或「生氣是不對的」，應該讓小孩子感受到，即使是生氣、悲傷等負面情緒也是被允許的。

通常，我們習慣於壓抑自己的情緒。當情緒和自我認知不一致時，我們會覺得痛苦，然後傾向於否定自己的情緒。這種做法使我們體會到很多壓力。在亞洲文化中，對情緒有很深的誤解，人們往往認為產生情緒對一個人的修養有所損傷。

下篇
情緒管理課─提升自制力,遇見更好的自己

其實,有不良情緒是人類非常自然的狀態。當有危險的外在刺激出現時,我們就會產生害怕的生理反應及感受。當有外力要侵犯我們時,憤怒能嚇退敵人或爭取到生存的空間。而且,情緒更是情感的基本成分,人類也正因此才有美好豐富的感情生活。

因此,當我們學會辨識情緒後,還要進一步學會接受情緒。所謂接受,就是不加指責地承認情緒的真實性,不加指責地承認自己有產生和表達這種情緒的權利。

雖然我們的某些情緒是不值得肯定或贊同的,但我們首先應該接受它們。

因為只有接受情緒,才能減輕內心的焦慮和不安全感,最終有利於情緒重建和情感表達,形成積極的情感狀態。

如果你已經能夠接受自己的情緒,那麼就要考慮下一個問題──用合適的方式表達情緒。

很多人認為有情緒就表達出來是一種不穩重的行為,他們希望自己很成熟,什麼事情都能藏在自己心裡。但這是一種不負責任的做法。不管是誰,都應該學會表達自己的情緒。這是因為:

◆ 情緒沒有表達出來,你無法對周圍的人傳遞內心資訊。資訊被困在心中,一旦衝破堤防,可能會失去控制。

第六章
管理自我—妥善處理情緒,是提高 EQ 的關鍵

◆ 情緒沒有表達出來,就剝奪了自己得到希望的結果的機會。比如你喜歡某人時,如果不表達出來,可能就會失去相互欣賞的機會。

◆ 情緒的累積會產生身體上的壓力,最後會以疾病的方式表現出來。

◆ 不表達自己的情緒,別人就無法了解你。情緒是個性的一部分,你關閉了情緒表達的大門,同時也就關閉了與朋友、家人、同事心靈接近的機會。

所以,我們有充分的理由表達自己的情緒,更有義務教導孩子表達自己的情緒。

表達情緒不僅對個人很重要,而且在企業管理中,也能收到很好的效果。

密西根大學社會研究院的研究員發現,一家公司中如果有人常常對工作發牢騷,那麼,這家公司一定比那些所有員工都把牢騷埋在肚子裡的公司成功得多。

為什麼會出現這種現象呢?這好像跟常理相反,但仔細分析就會發現,道理其實很簡單:員工把不滿發洩出來,就可以讓管理者發現經營中存在的種種問題,從而著手解決。

表達情緒沒有正確和錯誤之分,問題的關鍵在於如何選擇表達的具體方式。我們要知道,不管情緒多麼強烈,傷害他人或自己的過激行為都是不被允許的。一個有壞情緒的人

下篇
情緒管理課—提升自制力，遇見更好的自己

要尋找適合自己的疏通情緒的方式，比如傾訴、彈琴等等。

很多父母讓孩子用「寫日記」的方式來整理情緒。事實證明，這也是一種很好的表達情緒的方式。

情緒化是幸福的殺手

一個週末的傍晚，凱勒在後陽臺上整理白天拿出來晒的舊書，正巧看見與他相隔一條防火巷的鄰居在陽臺上洗碗。

鄰居動作十分俐落，碗盤鏗鏘作響，像是在發洩她內心深處的不平與埋怨。

這時候，她丈夫從客廳端來一杯熱茶，雙手捧到她面前。

如此感人的畫面，差點讓凱勒落淚。

為了不驚擾他們，凱勒輕手輕腳地收起書本往屋裡走。正要轉身，他聽到那女人說道：「別在這裡假好心啦！」

丈夫低著頭又把那杯茶端回屋裡。

凱勒想，那杯熱茶一定在瞬間冷卻了，像他的心。

鄰居邊洗邊抱怨：「端茶來給我喝？少惹我生氣就行了。我真是苦命啊！早知道結婚要這麼做牛做馬，不如出家算了。」

也許她需要的不是一杯熱茶，而是有人來分擔她的家務。但是，在丈夫對她獻殷勤的時候，實在沒有必要把不滿情緒發洩到對方身上。

第六章
管理自我—妥善處理情緒，是提高 EQ 的關鍵

有的人只要情緒一來，就什麼都不顧，什麼難聽的話都敢說，什麼傷人的話都敢罵，甚至不計後果，釀出大禍來。可以說，情緒化是自身幸福的殺手。

人的情緒化行為有哪些特徵呢？

◎ 行為的無理智性

人的行為應該是有目的、有計畫、有意識的。人區別於其他動物的特點之一，就在於行為的理智性。

但是，情緒化行為往往缺乏這一點：不僅「跟著感覺走」，而且「跟著情緒走」。

◎ 行為的衝動性

人的行為本應受意志的控制。但是，人的情緒化行為反映了意志力的薄弱，是一種出於衝動的行為。

情緒化行為看起來力量很強，然而不能持續很長的時間。這種衝動性行為往往會帶來破壞性的後果。

◎ 行為的情境性

情緒化行為的顯著特點是，人極易被生活環境中與自己切身利益相關的刺激所左右。因此，這種行為就顯得簡單、原始，比較低階。如果他人故意製造一個情境，那麼，有些人就會按照他人預設的方式行動，就會上當受騙。

◎ 行為的不穩定性

人的行為總有一定的傾向性，而且這種傾向性一經形成，會顯得非常穩定。但是，人的情緒化行為卻具有多變、不穩定的特點。喜怒哀樂變化無常，給人一種捉摸不定的感覺。

◎ 行為的攻擊性

這類人忍受挫折的能力相當低，很容易將自己受到挫折產生的憤怒情緒表現出來，向他人進攻。這種攻擊常常以語言或表情的方式出現，比如不明不白地諷刺挖苦他人，讓他人難堪等。

情緒化行為的上述特點使它具有不少消極性。例如：情緒化行為會成為個人心理發展的障礙，使人變得缺乏理智、不成熟，甚至造成不堪設想的後果。

對於群體來說，過多的情緒化行為會妨礙人與人之間的融洽與和睦。對於社會來說，當人的情緒化行為成為一種傾向時，有可能會造成重大的損失。

那麼，應該怎樣控制自己的情緒化行為呢？

◎ 要承認自己情緒的弱點

每個人的情緒都有其優劣性，一定要認識自己的情緒，不能迴避，不能視而不見。

第六章
管理自我─妥善處理情緒，是提高 EQ 的關鍵

譬如：有的人好衝動，而且一衝動就控制不住自己。怎麼辦？首先，你要承認自己有這個毛病，在承認的基礎上，再認真分析自己好衝動的原因，找一些方法去克服。這樣做可以隨時提醒自己：不可放縱自己！

◎ **要控制自己的欲望**

人的情緒化行為大都是因為自己的欲望和需求得不到滿足而產生的。因此，要降低過高的期望，擺正「索取與貢獻、獲得與付出」的關係，才可能防止衝動的情緒化行為。

◎ **要學會正確理解、對待社會上存在的各種矛盾**

要學會全面觀察問題，多看主流，多看光明面，多看積極的一面，這樣能使自己發現生存的意義和價值，使自己樂觀一點，增加克服困難的勇氣，增加自己的希望、信心。這樣，即使遇到嚴重挫折，你也不會氣餒，不會打退堂鼓。

◎ **要學會正確釋放、宣洩自己的消極情緒**

一般來說，人在處於困境時容易產生不良情緒。當這種不良情緒長期壓抑、無法釋放，就容易產生情緒化行為。

高 EQ 的人懂得在必要的時候將消極情緒適時地釋放、宣洩，譬如找朋友談心，找一些有樂趣的事情做，從中尋找自己的精神安慰、精神寄託。

下篇
情緒管理課─提升自制力，遇見更好的自己

學會從不快樂中解脫出來

　　保羅在一家夜總會裡做事，收入不多，然而，他總是過著非常快樂的生活。

　　保羅很愛車，但是，憑他的收入，買車是不可能的事情。與朋友們在一起的時候，他總是說：「要是有一輛車該多好啊！」眼中盡是嚮往之情。

　　後來有人說：「你去買樂透吧，中了大獎就可以買車了！」於是保羅買了兩塊錢的樂透。不可思議的是，保羅就憑著一張兩塊錢的樂透中了大獎。

　　保羅終於實現了自己的願望，買了一輛車，整天開著兜風，夜總會也去得少了。許多人看見他吹著口哨在林蔭道上行駛，車子擦得一塵不染。

　　一天，保羅的車被盜了。剛開始，保羅很氣憤，他恨死那個偷車賊了。那天晚上，他鬱悶了很久。但第二天早上，他又變得很開心了。

　　幾個朋友得知保羅的車被偷的消息之後，想到他那麼愛車如命，都擔心他受不了，就相約來安慰他。

　　保羅正準備去夜總會上班，朋友們說：「保羅，車丟了，你千萬不要悲傷啊！」

　　保羅卻大笑起來：「嘿，我為什麼要悲傷啊？」

　　朋友們疑惑地互相望著。

第六章
管理自我—妥善處理情緒，是提高 EQ 的關鍵

「如果你們不小心丟了兩塊錢，會悲傷嗎？」保羅說。

「那當然不會！」有人說。

「是啊，我丟的就是兩塊錢啊！」保羅笑道。

是的，不要為兩塊錢而悲傷。保羅之所以過得快樂，就因為他能夠駕馭生活中的負面情緒。

負面情緒會成為人們前進道路上的桎梏，如果對它採取放任自流的態度，很容易影響生活。一個不能丟掉負面情緒的人，是不可能成功的。

某電話公司遇到了這樣一件事：

有一天，一個氣勢洶洶的客戶對該公司的接線生口吐惡言。他怒火中燒，威脅說要把電話連線拔起。他拒絕繳付那些費用，說那些費用是無中生有。他寫信給報社，並到公共服務委員會做了無數次申訴，也告了電話公司好幾狀。

最後，電話公司派了一個最幹練的調解員去會見他。

調解員來到那個客戶家裡，道明來意。憤怒的客戶痛痛快快地把自己的不滿全發洩了出來。調解員靜靜地聽著，不斷地說「是的，是的」，對他的不滿很是同情。第一次見面花了 6 個小時。

就這樣，調解員與憤怒的客戶一共見了四次面，到最後，那位客戶竟然變得友善了起來。

調解員說：「在第一次見面的時候，我甚至沒有提出去找

下篇
情緒管理課─提升自制力，遇見更好的自己

他的原因，第二、第三次也沒有，但是第四次我把這件事完全解決了，他把所有的帳單都付了，而且撤銷了申訴。」

事實上，那個客戶所要的只是一種被別人當作重要人物的感覺。於是，當他充分獲得那種感覺之後，無中生有的牢騷就化為烏有了。

這個高 EQ 的調解員就這樣輕而易舉地駕馭了那個客戶的負面情緒。

保持健康的情緒狀態，還需要在頭腦中裝上一個控制情緒活動的「閥門」，讓情緒活動聽從理智和意志的節制。

凡是能用理智和意志有效地節制情緒的人，也就能基本保持情緒的平靜和穩定，這是取得成功的關鍵。

駕馭自己的負面情緒，努力發掘、利用每一種情緒的積極因素，是一個高 EQ 者所需的基本素養，也是一個人成功的基本保證。但許多不善於利用自己情感智力的人，在負面情緒侵擾自身的時候，往往會感到無所適從，心靈任其嚙噬。

有不少人特別在意別人對自己的看法，比如：自己穿了一件新衣服，別人會怎樣評價；自己的某個動作，別人會如何看待；甚至自己不小心說了一句什麼話，也會後悔不迭，總擔心別人會因此對自己有看法。生活在別人的眼光中是非常累的，這無疑會對自己的情緒產生負面影響。

第六章
管理自我—妥善處理情緒，是提高 EQ 的關鍵

莫娜是這屆運動會上公認的奪冠人選，她進場時引起了全場觀眾的歡呼，她也很高興地跟大家揮手致意。不料，這時的她被臺階絆了一下，摔倒了。

面對如此多的觀眾，莫娜感到十分沒面子，心裡升騰起一種羞愧的感覺。直到進入比賽，她還沒有從羞愧的情緒裡走出來。結果，她沒有發揮出自己應有的水準，比賽成績遠遠落在了其他隊員的後面。

其實，有些小事根本就不值一提，別人根本沒有在意或早已忘卻，只有你還耿耿於懷，這就是人們無法戰勝自己的展現。人們總是努力地去扮演一個完美主義者的形象，然而這似乎太苛刻了，只會對自己的心理造成障礙。

在契訶夫的小說《小公務員之死》中，那個可憐的小公務員在看戲時，很不幸地與部長大人坐到了一起，更不幸的是他把自己的唾沫星子弄到了部長大衣上，他就變得惶惶不安起來。無論他如何解釋，部長大人好像都沒有原諒他的意思。這個小公務員在巨大的精神壓力下，竟然一命嗚呼了。

在生活中，同樣有不少人會把不經意的小事裝在心裡，寢食難安，影響了自己的正常生活。其實，生活中小小的失誤不妨忘掉，丟掉心中的負面情緒，學會輕鬆地生活，那樣，一切都將美好起來。

下篇
情緒管理課─提升自制力，遇見更好的自己

改善情緒七法

看到1美元上的華盛頓肖像，看到他白色鬈髮映襯下的那平靜、自信、顯示著自制能力的面龐，你大概難以相信他年輕時曾有一頭紅髮、脾氣火爆吧？要是他沒有學會靠自制力改變自己的壞習慣，恐怕無法成為叱吒風雲的領袖，也就不會成為美國第一任總統。

對於自己的個性，你不應再聽之任之。要知道，只有積極主動地控制情緒，才能塑造好的形象，讓別人喜歡你，願意同你合作。

以下為大家介紹七種有效改善情緒的方法：

◎ 主動迴避法

如果你與同事剛剛發生了激烈的爭吵，最好先暫時迴避他，這樣就可以做到眼不見，心不煩，怒氣自消。

◎ 主動釋放法

把心中的不平和憤怒向你認為適合的人和盤托出。平時與人相處不可能不產生意見、隔閡，經常交換意見，把話說清楚，也是平息怒氣和增強團結的方法。

第六章
管理自我—妥善處理情緒，是提高 EQ 的關鍵

◎ **轉移思想法**

如果你在生氣時始終想著讓你生氣的事情，那麼最後的結果只會是越想越生氣。相反，如果你能有意識地透過其他途徑或者方式來轉移自己的思想，例如聽聽音樂、逗逗孩子玩等，積極地接受另一種刺激，就可以轉移大腦興奮點，使憤怒情緒在不知不覺中消失。

◎ **意識控制法**

如在發怒時心中反覆默念「別生氣」、「不該發火」等，常會收到一定的效果。從本質上說，該方法是用自己的道德修養、知識水準使憤怒情緒難以發生或降低強度。

◎ **積極溝通法**

不生氣時，試著去和經常讓你生氣的人談談，聽聽彼此最容易發怒的事，想一個溝通感情的方式，不要生氣。也可約定寫張紙條，或進行一次緩和情緒的散步，這樣你們便不必繼續用毫無意義的怒氣來彼此虐待。

◎ **自我解脫法**

應該經常提醒自己，任何自己認可的事，均可能遭到半數人的不贊同。有了這個心理準備，你就不會選擇生氣。

下篇
情緒管理課—提升自制力，遇見更好的自己

◎ 強迫記錄法

寫一份「動怒日記」，記下自己動怒的時間、地點和對象、原因，強制自己誠實地記錄所有動怒行為。你很快就會發現，光是記錄這些麻煩事就可迫使自己少生氣了。

今天，我要學會控制情緒

哈佛大學圖書館的牆上有這樣一條校訓：「我荒廢的今日，正是昨日殞身之人祈求的明日。」所以，我們不妨把成功學大師奧格・曼狄諾寫的這段文字貼在書桌前，以此來提醒自己，學會控制自己的情緒，因為「一天過完，不會再來」。

潮起潮落，冬去春來，夏末秋至，日出日落，月圓月缺，雁來雁往，花飛花謝，草長瓜熟，萬物都在循環往復的變化中。

我也不例外，情緒會時好時壞。

今天我要學會控制情緒。

這是大自然的玩笑，很少有人窺破天機。

每天我醒來時，不再有舊日的心情。昨日的快樂變成今天的哀愁，今天的悲傷又轉為明日的喜悅。

我心中像有一顆輪子不停地轉著，由樂而悲，由悲而喜，由喜而憂。這就好比花兒的變化，今天枯敗的花兒蘊藏

第六章
管理自我—妥善處理情緒,是提高 EQ 的關鍵

著明天新生的種子,今天的悲傷也預示著明天的快樂。

今天我要學會控制情緒。

我怎樣才能控制情緒,以使每天都卓有成效呢?除非我心平氣和,否則迎來的又將是失敗的一天。

花草樹木,隨著氣候的變化生長,但是我為自己創造天氣。

我要學會用自己的心靈彌補氣候的不足。如果我們為顧客帶來風雨、憂鬱、黑暗和悲觀,那麼他們也會報之以風雨、憂鬱、黑暗和悲觀,而且他們什麼也不會買。

相反,如果我們為顧客獻上歡樂、喜悅、光明和笑聲,他們也會報之以歡樂、喜悅、光明和笑聲,我就能獲得銷售上的豐收,賺取滿倉的金幣。

今天我要學會控制情緒。

我怎樣才能控制情緒,讓每天充滿幸福和歡樂?我要學會這個千古祕訣:弱者任思緒控制行為,強者讓行為控制思緒。

每天醒來,當我被悲傷、自憐、失敗的情緒包圍時,我就這樣與之對抗:

沮喪時,我引吭高歌。

悲傷時,我開懷大笑。

病痛時,我加倍工作。

恐懼時,我勇往直前。

下篇
情緒管理課─提升自制力，遇見更好的自己

自卑時，我換上新裝。

不安時，我提高嗓音。

窮困潦倒時，我想像未來的富有。

力不從心時，我回想過去的成功。

自輕自賤時，我想想自己的目標。

總之，今天我要學會控制自己的情緒。

從今往後，我明白了，只有低能者才會江郎才盡。我並非低能者，必須不斷對抗那些企圖摧垮我的力量。

失望與悲傷一眼就會被識破，而許多其他敵人是不易覺察的。它們往往面帶微笑，卻隨時可能將我們摧垮。對它們，我們永遠不能放鬆警惕。

縱情得意時，我要記得挨餓的日子。

揚揚得意時，我要想想競爭的對手。

沾沾自喜時，不要忘了那忍辱的時刻。

自以為是時，看看自己能否讓風止步。

腰纏萬貫時，想想那些食不果腹的人。

驕傲自滿時，要想到自己怯懦的時候。

不可一世時，讓我抬頭，仰望群星。

今天我要學會控制情緒。

有了這項新本領，我會更善於體察別人的情緒變化。

我包容怒氣沖沖的人，因為他尚未懂得控制自己的情緒。我可以忍受他的指責與辱罵，因為我知道明天他會改

第六章
管理自我—妥善處理情緒,是提高 EQ 的關鍵

變,重新變得隨和。

我不再只憑面貌來判斷一個人,也不再因一時的怨恨與人絕交。今天不肯花一分錢購買金篷馬車的人,明天也許會用全部家當換取樹苗。知道了這個祕密,我可以獲得極大的財富。

今天我要學會控制情緒。

我從此領悟了人類情緒變化的奧祕。對於自己千變萬化的個性,我不再聽之任之。我知道,只有積極主動地控制情緒,才能掌握自己的命運。控制自己的命運,就會成為世界上最偉大的業務員!

我要成為自己的主人。

我由此而變得偉大。

因為衝動,父親失去了女兒

傑西是美國加州一所大學的學生。暑假時,他來到姑姑家度假。恰好,他的生日在開學前幾天,這讓他很興奮。

16 歲的表妹琳娜決定在傑西生日那天,給他來點意外的驚喜。

生日那天晚上,傑西和姑姑一家在電影院看完電影,準備到公園散散步。琳娜有事先回了家。

等到傑西他們到家的時候,卻發現屋子裡一片漆黑,姑丈叫了好幾聲「琳娜」都沒有人回應。

大家都很緊張,姑丈迅速掏出了手槍。門是虛掩著的。

下篇
情緒管理課—提升自制力，遇見更好的自己

就在推開門的時刻，屋內響起了生日歌和琳娜劃火柴準備點蠟燭的聲音。

然而，槍聲同時響起。

子彈準確地擊中了琳娜的胸口！之後，琳娜在被送往醫院的途中停止了呼吸。

事件發生後，琳娜的父親痛心疾首，一家人也陷入了極度的痛苦之中……

這之前，當地發生了多起入室強姦案，媒體進行了大量報導，並提醒人們注意防範。琳娜的父親一到家門口，便產生了關於類似場景的幻覺，恐懼和緊張促使他本能地掏出手槍，悲劇就這樣發生了。

恐懼本是人類進化過程中遺留下來的原始情緒，驅使人們遠離危險、保護家人。正是這一恐懼本能驅使父親拿起槍，搜索他想像中的入侵者。

然而，恐懼使父親甚至沒來得及聽出女兒的聲音，沒來得及看清槍口對準的是誰，便開槍了。

恐懼會阻礙人們採取行動。可悲的是，恐懼經常建立在想像的基礎上。人們在自己的頭腦裡建構出一幅大災難的可怕圖景，而它賴以產生的基礎僅僅是可能發生的事情——源於對某個資訊產生的悲觀判斷。

當然，生活中有些事情是難以避免的，比如年齡增長、投資失敗、事故、戰爭、疾病及生離死別等。帶著戰戰兢兢

第六章
管理自我—妥善處理情緒，是提高 EQ 的關鍵

的畏懼心理對待它們，將會使境況變得更加糟糕。畏懼能夠傳染，因為它以想像為燃料。為了克服被畏懼控制的天性，人們需要建設性地運用自己的想像力。不是用可能發生的最糟糕的事情來使自己驚恐不安，而是運用想像力，思考如何迎接挑戰，這是一種更積極的生活方式。

如何才能消除恐懼呢？

◎ **戰勝錯誤的記憶**

恐懼的根源可以追溯至一種錯誤的記憶。我們的大腦就好像一所記憶銀行，眼睛所看到的影像被存入其中，一幕幕的情景在往後的日子裡將重現於你的眼前。

許多人都有過這種經驗：有時你會突然覺得某種情景似乎在哪裡見過，或是某個地方你曾經來過，這裡的一草一木都那麼熟悉。可是你已忘記什麼時候來過這裡或做過什麼事。這就是記憶。

小時候曾被動物攻擊，長大後就會對這些動物產生厭惡的心理。恐懼就是由與此類似的原因造成的。大腦將那些不愉快或令你恐懼的記憶存入「記憶銀行」，當你遇到相同或類似情況時，記憶銀行就會將這些事情一件件提出來，告訴你說：「你曾經失敗過兩次！你不可能成功的！你的同事也說你……」這些記憶讓你退縮，令你裹足不前，無法到達成功的樂土。

下篇
情緒管理課―提升自制力，遇見更好的自己

◎ 拒絕記憶不愉快的事

一位著名廣告心理學家在評論我們的記憶能力時說：「觀眾被激起的感覺是愉悅的，廣告就容易被人記住。如果被激起的感覺是不愉快的，觀眾便易於忘卻那些廣告內容。不愉快的事不是他們想要的，他們不願記住。」

要記憶所有不愉快的過去實在容易至極。但如果我們的記憶庫裡只保留美好的回憶，你的信心便會與日俱增。可以說，在征服恐懼方面，你向前跨了一大步。

為什麼人們會害怕陌生人呢？為何許多人在人群中會自卑意識濃厚呢？害羞的背後是什麼呢？對此，我們能做些什麼彌補呢？許多人在他所熟悉的環境裡，很容易發揮專長，說話滔滔不絕，效果十分不錯。但若把他放在一個陌生的環境，他說話卻往往顛三倒四，結果，什麼事也辦不成。

◎ 以正確的眼光看待他人

不能流利自如地表達自己的意思，畏懼陌生人是主要因素。但是如果你學會以正確的眼光看待他人，就能克服恐懼。

要領悟這個道理非常簡單，人們在很多方面的相似處多於相異處。我們要善於發現他人與自己相類似的地方。渴求成功、想要富裕、喜好美食、遇到問題想鬆弛一下等等，這些想法大家基本相同。

第六章
管理自我—妥善處理情緒，是提高 EQ 的關鍵

◎ 以平等觀看待他人

與人交往時要記住這兩點：第一，別人是重要的；第二，你也很重要。和別人交談時，你要這麼想：我們是兩個重要的人，現在一同坐下來商討些互惠互利的事。這種態度將幫助你平衡形勢。對方也許看起來驚人地高大或驚人地重要，但是，記住一點，他跟你是平等的，他並沒有居於優勢，所以無須畏懼。

因為寬心，豆商收穫了快樂

人活一世，看似長久，實則只有「三天」——昨天、今天和明天。昨天，過去了，不再煩；今天，正在過，不用煩；明天，還沒到，煩不著。如此看來，沒有什麼是值得你憂慮的。

義大利的一個康復旅行團體在醫生的帶領下去奧地利旅行。在參觀當地一位名人的私人城堡時，那位名人親自出來接待。他雖已 80 歲高齡，但依舊精神煥發、風趣幽默。

他說：「各位客人來這裡向我學習真是大錯特錯，應該向我的夥伴們學習：我的狗巴迪不管遭受怎樣的傷痛，都會很快地把痛苦拋到腦後，熱情地享受每一根骨頭；我的貓賴斯從不為任何事發愁，牠如果感到焦慮不安 —— 即使是最輕微的情緒緊張 —— 就會去美美地睡一覺，讓焦慮消失；我的鳥

下篇
情緒管理課—提升自制力，遇見更好的自己

莫利最懂得忙裡偷閒、享受生活，即使樹叢裡可吃的東西很多，牠也會吃一會兒就停下來唱唱歌。」

「相比之下，人卻總是自尋煩惱，不是最笨的動物嗎？」他總結道。

有科學家對人的憂慮進行了科學的量化、統計、分析，結果發現，幾乎百分之百的憂慮是毫無必要的。統計發現，40% 的憂慮是關於未來的事情，30% 的憂慮是關於過去的事情，22% 的憂慮來自微不足道的小事，4% 的憂慮來自我們改變不了的事實，剩下 4% 的憂慮來自那些我們正在做著的事情。

快樂是自找的，煩惱也是自找的。如果你不自尋煩惱，別人永遠也不可能給你製造煩惱。所以，每當你憂心忡忡的時候，每當你唉聲嘆氣的時候，不妨把你的煩惱寫下來，然後在科學家們的分析中把自己的煩惱歸類：它是屬於 40% 的未來、30% 的過去、22% 的小事情、4% 的無法改變的事實，還是剩下的那一個 4%？

聰明的猶太人說，這世界上賣豆子的人應該是最快樂的，因為他們永遠不擔心豆子賣不出去。假如他們的豆子賣不完，可以拿回家去磨成豆漿，再拿出來賣；如果豆漿賣不完，可以製成豆腐；豆腐賣不完變硬了，就當豆干來賣；豆干再賣不出去的話，就醃起來，變成腐乳。

還有一種選擇：賣豆人把賣不出去的豆子拿回家，加上

第六章
管理自我－妥善處理情緒，是提高 EQ 的關鍵

水讓豆子發芽，幾天後就可改賣豆芽；豆芽如賣不動，就讓它長大些，變成豆苗；如豆苗還是賣不動，再讓它長大些，移植到花盆裡，當作盆景來賣；如果盆景賣不出去，再把它移植到泥土中去，讓它生長，幾個月後，它結出了許多新豆子──一顆豆子變成了很多豆子，想想那是多划算的事！

一顆豆子在遭遇冷落的時候，都有無數種精采選擇，何況一個人呢？人至少應該比一顆豆子堅強些吧。那麼，你還有什麼好憂慮的呢？

如果這種理論對你無法奏效，威利斯‧開利（Willis Carrier）的方式絕對有效。

開利是一個很聰明的工程師，他開創了空氣調節器的新時代。

年輕的時候，開利在紐約州的鋼鐵公司做事。有一次，他到密蘇里州水晶城的玻璃公司去安裝瓦斯清潔器，遇到了很多事先沒有想到的困難。經過一番調整之後，清潔器可以使用了，可是沒能達到他所保證的效果。

開利對自己的失敗非常吃驚，覺得好像是有人在他頭上重重地打了一拳。接下來的好長一段時間，他都擔憂得沒有辦法睡覺。

最後，他覺得憂慮並不能夠解決問題，反而會毀了自己集中精神的能力。憂慮的時候，我們的思想會難以集中，從

而喪失正確判斷事物的能力。

開利根據自身的體會，總結出一個不需要憂慮就可以解決問題的辦法，結果非常有效。這個辦法非常簡單，任何人都可以使用，它有三個步驟：

第一步，先毫不害怕而誠懇地進行分析，然後想想萬一失敗可能發生的最壞的情況。起碼，沒有人會把你關起來，或者把你槍斃。不錯，你很可能會丟掉差事，也可能會讓你的老闆投下去的資金泡湯。

第二步，想出可能發生的最壞的情況之後，說服自己在必要的時候接受它。你可以對自己說：「這次的失敗，在我的履歷上會是一個很大的汙點，可能我會因此被炒魷魚。但即便如此，我還是可以另外找到一份工作。」

當我們強迫自己面對最壞的情況，並在精神上接受它之後，就能夠讓自己集中精力解決問題了。

第三步，把自己的時間和精力投入改善情況的努力中去。你需要盡量想一些補救辦法，減少損失。

因為豁達，狐狸拯救了自己

撒哈拉是世界上最乾旱的沙漠，住在撒哈拉的阿拉伯人經常會遭受炙熱暴風的考驗。

第六章
管理自我－妥善處理情緒，是提高 EQ 的關鍵

一次，暴風一連吹了三天三夜，風勢很強勁、很猛烈。暴風十分熱，吹得人頭髮似乎全被燒焦了，喉嚨又乾又焦，眼睛熱得發痛，嘴裡都是沙礫。人似乎站在玻璃廠的熔爐之前，被折騰得接近於瘋狂的邊緣。但阿拉伯人並不抱怨。

暴風過後，他們立刻展開行動：把所有的小羔羊殺死，因為他們知道那些小羔羊反正是活不成了，而殺死牠們則可以挽救母羊。在屠殺了小羊之後，他們就把羊群趕到南方去喝水。

所有這些行動都是在冷靜中完成的，對於損失，他們沒有任何憂慮、抱怨。部落酋長甚至說：「這還算不錯。我們本以為會損失所有的一切，但是感謝上帝，我們還有百分之四十的羊活了下來，可以從頭再來。」

曾經有一個記者敘述了自己的一段經歷：

記者搭車橫越大沙漠時，一顆輪胎爆了，司機又忘了帶備用胎，所以他們只剩下三顆輪胎。又急又怒又煩的記者問那些阿拉伯人該怎麼辦。他們說，著急於事無補，只會使人覺得更熱。車胎爆掉是天意，沒有辦法可想。

於是，他們又開始往前走，就靠三顆輪胎前進。沒過多久，車子又停了，汽油用光了。但阿拉伯人並沒有因司機加的汽油不足而向他大聲咆哮，反而一直保持冷靜。後來，他們徒步到達目的地，一路上還不停地唱歌。

住在撒哈拉的阿拉伯人幾乎是沒有煩惱的，無論在多惡劣的條件下，他們都保持著快樂的心境——因為他們學會了

自我安慰。在事情已成定局難以挽回的時候，我們不妨使用精神勝利法維護自尊心和自信心，以圖再度振作。

幾隻狐狸同時走到葡萄架下，卻無法吃到葡萄。

第一隻自我安慰說葡萄是酸的，自己不想吃，走了。

第二隻不斷地使勁往上蹦，不抓到葡萄誓不罷休，最終耗盡體力累死在葡萄架下。

第三隻狐狸吃不到葡萄便破口大罵，抱怨人們為什麼把葡萄架得這麼高，不料被農夫聽到，一鋤頭把牠打死在地。

第四隻因生氣抑鬱而終。

第五隻犯了瘋病，整天口中唸唸有詞：「吃葡萄不吐葡萄皮……」

想想，哪隻狐狸的 EQ 更高？

心理學家認為，人的自我評價來自價值選擇。當消極的情緒困擾你的時候，改變原來的價值觀，學會從相反的方向思考問題，就會使你的心理和情緒發生良性變化，從而得出完全相反的結論。

這種運用心理調節的過程，叫做反向心理調節法。它能使人戰勝沮喪，從不良情緒中解脫出來。

兩個工匠去賣花盆，途中翻了車，花盆大半打碎。

悲觀的工匠說：「完了，壞了這麼多花盆，真倒楣！」

第六章
管理自我—妥善處理情緒，是提高 EQ 的關鍵

而另一個工匠卻說：「真幸運，還有這麼多花盆沒有打碎。」

後一個工匠運用反向心理調節法，從不幸中挖掘出了幸運的因素。

很多情況下，痛苦與快樂並不是由客觀環境的優劣決定的，而是由自己的心態、情緒決定的。遇到同一件事，有人感到痛苦，有人卻感到快樂，EQ 不同的人會得出不同的結論。

在煩惱的時候，與其在那裡唉聲嘆氣、惶惶不安，不如拿起心理調節的武器，從相反的方向思考問題，使情緒由陰轉晴，擺脫煩惱。

俄國作家契訶夫曾寫道：「要是火柴在你口袋裡燃燒起來，你應該高興，並且感謝上蒼，多虧你的口袋不是火藥庫。要是你的手指扎了一根刺，你應該高興，太好了，幸虧這根刺不是扎在眼睛裡……照我的勸告去做吧，你的生活會歡樂無窮。」

因為自信，小草贏得了尊敬

有一個農夫整天埋怨自己的命運不好，一輩子都是農夫，地位卑微，被別人看不起。

下篇
情緒管理課—提升自制力，遇見更好的自己

有一天，他弓著腰在院子裡清除青草。因為天氣很熱，他臉上不停地冒汗，汗珠一滴一滴地流了下來。

「可惡的青草！假如沒有這些青草，我的院子一定很漂亮。為什麼要有這些討厭的青草來破壞我的院子呢？」農夫這樣嘀咕著。

有一株剛被拔起的小草正躺在院子裡，它回答農夫說：

「也許你從來就沒有想到過，我們也是很有用的。現在，請你聽我說一句吧。我們把根伸進土中，等於是在耕耘泥土——當你把我們拔掉時，泥土就已經是耕過的了。

下雨時，我們防止泥土被雨水沖掉；在乾涸的時候，我們能阻止強風颳起沙土。所以，我們是替你守衛院子的衛兵。如果沒有我們，你根本就不可能享受賞花的樂趣，因為雨水會沖走你的泥土，狂風會颳走種花的泥土……你在看到花兒盛開之際，能不能記起我們青草的好處呢？」

一棵小草並沒有因為自己的渺小而自卑，農夫對小草不禁肅然起敬。他擦去額上的汗珠，笑了。

自卑是一種可怕的消極情緒。其實，任何人都無須自卑。每個人都有自己的特點，重要的是你要認識到自己的長處。

懷有自卑情緒的人，遇事總是認為「我不行」、「這件事我做不了」、「這項工作超出了我的能力範圍」，沒有試一試就給自己判了死刑。

第六章
管理自我—妥善處理情緒，是提高 EQ 的關鍵

有人在遇到失敗時往往會說：「我真沒用！」千萬不要這麼說，因為這樣不但否定了你的能力，還會讓你失去前進的信心。而實際上，只要你專注努力，是能做好這件事的。所以，你一定要克服自卑的情緒，重拾自信。

要想消除自卑，獲取自信，你可以巧妙地運用自己的記憶庫。

◎ 只在你的記憶庫裡存入積極的記憶

每個人都曾有過許多不愉快、尷尬與令人洩氣的經歷，但是成功者和失敗者卻是以截然不同的方法來處理這些經歷的。失敗者將它們記在心裡，因此他們的記憶裡有了許多不好的回憶。在夜晚，這些不愉快的情景時常浮現於他們的腦海。反之，成功者則未必將這些不美好的經歷全部存入記憶裡去，他們懂得在咀嚼之後，吐出殘渣。

消極、不愉快的記憶一旦存入你的記憶庫，將會影響你的心智，使你的精神馬上產生不必要的損耗。而愉快、積極的記憶則能讓你覺得自己愈來愈好，真正擁有信心，身體保持正常功能。

◎ 只從你的記憶庫提出積極記憶

都市生活壓力沉重，我們每天都會受到來自不同方面的壓力，對心靈造成極大的傷害。如果這些壓力無法透過適當

的管道發洩,或是發洩的方法錯誤,就會產生許多心理失去平衡的症狀。

這個問題的嚴重性日益得到重視,心理輔導機構也應運而生,其目的就是幫助你在這些問題變成折磨你的妖怪之前,毀滅它們。這些妖怪時時在人們的內心運作。譬如:蜜月對夫妻來說,可算是極為重要的時光。假如蜜月並未如個人或雙方所希望的那樣滿意,就會成為不美好的記憶。如果不及時將這段記憶埋葬,反而數百次地回憶起來,它就會變成維持婚姻關係的巨大障礙。

此類問題的治療法在於學會停止從記憶庫取出消極記憶,取而代之以積極記憶。當你發現自己處於消極情緒時,必須毅然遠離這些令人不悅的記憶。

因為樂觀,萊特戰勝了病魔

悲觀者泯滅希望,樂觀者激發希望。但這並不是說,對於所有的困難,我們都應該用習慣性的樂觀態度去對待。我們鼓勵的是對事情有趨向積極面的態度。

洛維爾・湯瑪斯(Lowell Jackson Thomas)的人生出現了轉折。他跟隨勞倫斯和他的部隊轉戰南北,為一部戰爭紀錄片蒐集素材。這部紀錄片大獲成功,感動了無數愛好和平的人們。

第六章
管理自我—妥善處理情緒,是提高 EQ 的關鍵

湯瑪斯的講座——「與艾倫比在巴勒斯坦,與勞倫斯在阿拉伯半島」在倫敦和全世界都引起了轟動。倫敦的「歌劇季」延後六個禮拜,僅僅為了讓他在科文特花園皇家歌劇院繼續講這些冒險故事,並放映他的影片。

在倫敦得到巨大成功之後,湯瑪斯又很成功地旅遊了好幾個國家。然後他花了兩年的時間,準備拍攝一部在印度和阿富汗生活的紀錄片。

不幸的事情在這個時候發生了:洛維爾‧湯瑪斯發現自己破產了。

日子開始窘迫起來。湯瑪斯不得不到街口的小店去吃很便宜的食物。事實上,如果不是知名畫家詹姆斯‧麥克貝(James McBey)借錢的話,他甚至連那點食物也吃不到。

龐大的債務、窘迫的生活一下子壓在了湯瑪斯身上。他雖然極度失望,卻很自信,並不憂慮。他知道,如果他被霉運弄得垂頭喪氣的話,他在人們眼裡就會不值一錢。

因此,每天早上出去辦事之前,湯瑪斯都要買一朵花插在衣襟上,然後昂首走上街。他的思想很積極勇敢,不讓挫折把自己擊倒。對他來說,挫折是爬到高峰所必須經過的有益訓練。

事實也確實如此。我們必須關心我們的問題,但是不能憂慮。關心的意思就是要了解問題出在哪裡,然後很鎮定地採取方法加以解決;而憂慮卻是發瘋似的原地繞著小圈子,這對於解決問題沒有一點幫助。

下篇
情緒管理課—提升自制力，遇見更好的自己

萊特先生最近的身體狀況很糟糕。他先是得了猩紅熱，康復以後，卻發現又得了腎臟病。他去找過好多個醫生，但誰也沒辦法治好他。

過了一段時間，萊特發現自己又得了另外一種併發症，他的血壓高了起來。醫生說他的血壓已經高達210，並宣布他已經沒有救了。

萊特家籠罩在一種陰鬱的氣氛中。親朋好友都非常難過，萊特本人更是深深地陷在頹喪的情緒裡。

有一天，萊特突然想到，自己這個樣子簡直像個大傻瓜。他對自己說：「你在一年之內恐怕還不會死，那麼趁你還活著的時候，何不快快樂樂呢？」他決定改變自己的精神狀態。

萊特首先確認了自己所有的保險金是否都已經付過，然後向上帝懺悔他以前所犯過的各種錯誤。做完這些之後，他試著挺起胸膛，臉上露著微笑，讓自己表現出好像一切都很正常的樣子。

剛開始的時候，這的確相當費力，但萊特還是強迫自己開心。漸漸地，他發現自己這樣做不但有助於改善家人的沮喪情緒，而且對自己的身體恢復也大有幫助。萊特開始覺得好多了 —— 幾乎跟他裝出來的一樣好。

這種改進持續不斷，如今，萊特不僅很快樂，血壓也降下來了。

經過了這段日子，萊特相信：如果他一直想到會死就垮

第六章
管理自我—妥善處理情緒，是提高 EQ 的關鍵

掉的話，那位醫生的預言就會實現了；可是當他改變了自己的心情，一切都會發生改變。

因為忍耐，農夫原諒了鄰居

高 EQ 的重要特徵是：學會制怒，不輕易受到傷害。

人在憤怒時千萬要注意兩點：第一，不可惡語傷人，這不同於一般的發牢騷，可能對別人造成深刻的傷害；第二，不可因憤怒而輕洩他人的隱私，這會使你不再被他人信任。總之，無論怎樣憤怒，千萬不能做出無可挽回的事來。人在受傷害後最好的制怒之術是克制忍耐，等待時機。

有一個小男孩常常無緣無故地發脾氣。一天，他父親給了他一大包釘子，讓他每發一次脾氣都用鐵錘在後院的柵欄上釘一顆釘子。

第一天，小男孩共在柵欄上釘了 37 顆釘子。

過了幾個星期，小男孩漸漸學會了控制自己的情緒，每天在柵欄上釘釘子的數目逐漸減少。他發現控制自己的壞脾氣比往柵欄上釘釘子要容易得多⋯⋯最後，小男孩變得不愛發脾氣了。

他把自己的轉變告訴了父親。父親又建議說：「從今天起，如果你一天沒發脾氣，就從柵欄上面拔一顆釘子下來。」小男孩照著父親的要求做了。終於，柵欄上面的釘子全拔完了。

下篇
情緒管理課─提升自制力，遇見更好的自己

父親拉著他的手來到柵欄邊，對他說：「兒子，你做得很好。但是，那些釘子在柵欄上留下那麼多小孔，柵欄再也不是原來的樣子了。當你向別人發過脾氣之後，你的言語就像這些釘子一樣，會在人們的心靈中留下疤痕。無論你說多少次對不起，那些傷口都會永遠存在。」

因為自己發脾氣而對他人造成的傷害，往往怎樣彌補也無濟於事。所以，我們寧可事前小心，而不要事後悔恨。在生氣的時候，記得留下退一步的餘地，以免無法挽回。

在現實生活中，有人只顧一時的口舌之快，有意無意地對他人造成了傷害，殊不知這些傷害就像釘孔一樣，也許永遠都無法彌補。

憤怒是情緒中可怕的暴君。憤怒行為會傷害他人，也會傷害自己。培根說：「憤怒就像地雷，碰到任何東西都一同毀滅。」如果你不注意培養交往中必需的 EQ，培養自己忍耐、心平氣和的性情，一碰到「導火線」就暴跳如雷，情緒失控，再好的人緣，也會因此全部被「炸」掉。

心理學家認為，生氣是一種不良情緒，是消極的心境，它會使人悶悶不樂、低沉陰鬱，進而阻礙情感交流，導致內疚與沮喪。相關醫學數據認為，憤怒會導致高血壓、胃潰瘍、失眠等。據統計，情緒低落、容易生氣的人，患癌症和神經衰弱的可能性要比正常人大。憤怒是一種人體中的心理病毒，會使人重病纏身，一蹶不振。可見，憤怒對人的身心

第六章
管理自我─妥善處理情緒，是提高 EQ 的關鍵

有百害而無一利。

怒氣似乎是一種能量，如果不加控制，它會氾濫成災；如果稍加控制，它的破壞性就會大減；如果合理控制，甚至可能對自己有所幫助。

◎ 疏導而不是壓抑

交通擁擠的十字路口，整個路面成了車的海洋，鳴笛聲充斥於耳。偶爾有一時氣憤難平的司機不顧安全往前擠，不僅會造成人為災難，而且會使整個交通處於癱瘓混亂狀態。如果沒有交警的管理疏導，不知道會塞到什麼時候，造成怎樣的後果。假如一個人的情緒失控，不加以疏導的話，會發生什麼情況呢？

研究顯示，失去控制、大發雷霆的人通常都經歷了情緒累積的過程。每一次拒絕、侮辱或無禮的舉止，都會給人遺留下激發憤怒的「殘留物」。這些殘留物不斷地積澱，急躁心理會不斷增強，直到失去「最後一根稻草」，個人對情緒的控制完全喪失。所以制怒的最好方法不是壓抑自己的怒氣，而是進行恰當的疏導。

傑拉德完全被激怒了，他一把抓起電話機，把它狠狠地丟出了辦公室。他的業務團隊被他的狂怒嚇壞了。

傑拉德之所以會大動肝火，是因為他剛剛經歷了一項改善團隊管理的活動。在這個活動中，他們的工作任務沒有完

下篇
情緒管理課—提升自制力，遇見更好的自己

成，這使得傑拉德的情緒非常糟糕。不幸的是，他又碰到其他掃興的壞事情，於是，累積起來的情緒就爆發出來。

在一位顧問的指導幫助下，傑拉德意識到，從總公司參加會議回來後，他就一直處於很負面的情緒狀態中。如果他能花幾分鐘時間放鬆一下，就根本不可能發火。

有了這次教訓以後，他再遇到不順心的事情，或者面對壓力時，總會用10分鐘的時間到附近的公園走一走，使自己平靜下來。在參加會議時，如果他感覺到憤怒開始困擾自己，就立刻開始做深呼吸，或者透過把手壓在臀部下面等方式來控制自己。

這些放鬆行為，最起碼能夠阻止他提出最衝動的反對意見，阻止他採取過激行為，比如奪門而出。在完全接受了控制自我情緒的觀點以後，他逐漸掌握了控制和調整自己的情緒和行為的技巧。

那麼，一個已經被惹怒的人怎樣制怒呢？

第一步，對自己以往的行為進行一番回憶評價，看看自己過去發怒是否有道理，是否遷怒於別人。老闆對下屬發火，原因是下屬工作失誤；這位下屬不敢對老闆生氣，回來對妻子亂發脾氣；妻子沒辦法，只好對兒子發脾氣；兒子對貓發脾氣。這一連串的發怒行為中，只有老闆對下屬發脾氣是有些緣由的，其他則都是無中生有。

所以，在發怒之前，你最好分析一下，發怒的對象和

理由是否合適,方法是否適當,這樣發怒的次數就會減少90%。

第二步,看輕外因的傷害性。生活中我們可以觀察到,易上火的人對雞毛蒜皮的小事都很在意。別人不經意的一句話,他會耿耿於懷。過後,他又會把事情往壞處想,結果,越想越氣,終至怒氣沖天。脾氣不好的人喜歡自尋煩惱,沒事找事。

制怒的技巧是,當怒火中燒時,立即放鬆自己,命令自己把激怒自己的情境「看淡看輕」,避免正面衝突。當怒氣稍減時,對激怒自己的情境進行客觀評價,看看自己到底有沒有責任,惱怒有沒有必要。

第三步,巧妙地發洩自己的憤怒,而不傷害別人。如果你生氣了,出去散散步或做一次劇烈運動,或者看一場電影娛樂一下,怒氣就會消減不少。

如果某人脾氣暴躁、經常發火,僅讓他自己改正往往無法持久,那麼就必須找一個監督員。一旦他露出發怒的跡象,監督員應立即以各種方式加以暗示、阻止。監督員可以由自己最親近的人來充當。這種方法對下決心制怒但又無法自制的人來說尤為適合。

◎ 忍耐一下,怒氣會自然消退

從前有一個農夫因為一件小事和鄰居爭吵起來,爭論得面紅耳赤。最後,那個農夫氣呼呼地去找牧師評理。牧師

下篇
情緒管理課—提升自制力，遇見更好的自己

被公認為當地最有智慧、最公道的人，他肯定能斷定誰是誰非。

「牧師，您來幫我們評評理吧！我那鄰居簡直不可理喻！他竟然……」那個農夫怒氣沖沖，一見到牧師就開始了他的抱怨和指責。但當他正要大肆講述鄰居的不是時，被牧師打斷了。

牧師說：「對不起，正巧我現在有事，麻煩你先回去，明天再說吧。」

第二天一大早，農夫又憤憤不平地來了。不過，他顯然沒有昨天那麼生氣了。

「今天您一定要幫我評個是非對錯，那個人簡直是……」他又開始數落起鄰居的惡劣行為。

牧師不疾不徐地說：「你的怒氣還沒有消退，等你心平氣和後再說吧！正好我昨天的事情還沒有辦完。」

接下來的幾天，農夫沒有再來找牧師。有一天，牧師在前往布道的路上遇到了他。他正在農地裡忙碌著，心情顯然平靜了許多。

牧師問道：「現在你還需要我來評理嗎？」說完，他微笑著看著對方。

農夫羞愧地笑了笑，說：「我已經心平氣和了！現在想來那也不是什麼大事，不值得生那麼大的氣，只是給您添麻煩了。」

牧師心平氣靜地說：「這就對了，我不急於和你說這件事

第六章
管理自我—妥善處理情緒,是提高 EQ 的關鍵

情就是想給你思考的時間讓你消消氣啊!記住:任何時候都不要在氣頭上說話或行動。」

很多時候怒氣會自然消退,稍稍耐心等待一下,事情就會悄悄過去。常言道:忍一忍,風平浪靜;退一步,海闊天空。忍耐一下,怒氣會自然消退。關於這一點,林肯深有體會,並總結出一種巧妙的方法。

一天,陸軍部長斯坦頓來到林肯那裡,很生氣地說一位少將用侮辱性的話指責了他。林肯建議他寫一封內容尖刻的信回敬那傢伙。

「可以狠狠罵他一頓。」林肯說。

斯坦頓立刻寫了一封措辭激烈的信。林肯看後說:「斯坦頓,真是太好了,要的就是這個!」

但是當斯坦頓把信疊好裝進信封裡時,林肯卻叫住他,問道:「你要幹什麼?」

「寄出去啊!」斯坦頓說。

「不要胡鬧,」林肯說,「這封信不能送,快把它扔到爐子裡去。凡是生氣時寫的信,我都是這麼處理的。這封信寫得好,寫的時候你已經解氣了 —— 現在感覺好多了吧?那麼就請你把它燒掉,再寫第二封信吧。」

能知道自己心緒不佳的人多半有意擺脫衝動,但不一定會克制衝動。譬如說,和別人發生了衝突,你心裡十分惱火。你克制住了自己想揍他的衝動,卻不能澆熄心中的怒火。

下篇
情緒管理課──提升自制力，遇見更好的自己

　　如果你清楚地知道「我現在的感受是憤怒」，便可以選擇發洩，也可以決定退一步。後者是明智的選擇。

　　如果你與別人發生爭執，請數十下再開口，盡量轉移注意力或者做幾次深呼吸。諒解的心是最佳的「滅火劑」，請學會寬容和諒解吧！

因為放鬆，乘客遠離了煩惱

　　世界著名航海家湯瑪斯・庫克船長，曾經在他的日記裡記錄了一次令他百思不得其解的奇遇。

　　當時，他正率領船隊航行在大西洋上。突然，浩瀚無垠的海面上空出現了龐大的鳥群。數以萬計的海鳥在天空中久久地盤旋，並不斷發出震耳欲聾的鳴叫。

　　更奇怪的是，許多鳥在耗盡了全部體力後，義無反顧地投入茫茫大海，海面上不斷激起陣陣水花……

　　事實上，庫克船長並非這一悲壯場面的唯一見證者。在他之前，許多經常在那個海域捕魚的漁民都被同樣的景象所震懾。

　　在長期的研究中，鳥類學家們發現，來自不同方向的候鳥，會在大西洋中的這一地點會合。但他們一直沒有弄清楚，那些鳥兒為何會一隻接一隻心甘情願地投身大海。

　　這個謎團終於在 20 世紀中期被解開。

第六章
管理自我—妥善處理情緒，是提高 EQ 的關鍵

原來，海鳥們葬身的地方很久以前曾經是個小島。對於來自世界各地的候鳥們來說，這個小島是牠們遷徙途中的一個落腳點，一個在浩瀚大海中不可缺少的「安全島」，一個在極度疲倦的時候可以棲息身心的地方。

然而，在一次地震中，這個無名的小島沉入大海，永遠地消失了。

遷徙途中的候鳥們一如既往地飛到這裡，希望能夠稍作休整，擺脫長途跋涉帶來的滿身疲憊，積蓄一下力量開始新的征程。

但是，在茫茫的大海上，牠們卻再也無法找到那個小島了。早已筋疲力盡的鳥兒們，只能無奈地在上空盤旋、鳴叫，盼望著奇蹟的出現。

當牠們終於絕望的時候，全身最後的一點力氣也已經耗費殆盡，只能任由自己的身軀墜入汪洋大海。

同樣，在緊張忙碌的生活中，在人生漫長的旅途中，每個人都有身心疲憊的時候，都需要一個棲息身心的地方。

給心靈鬆鬆綁，不要像那些海鳥，等到自己筋疲力盡的時候，只能一頭栽進大海。

高 EQ 者懂得放鬆自己，懂得調適自己的心靈，以一種愉快的心態投入生活和工作中。當然，獲得心靈平靜的首要方法便是洗滌你的心靈，這一點是不可忽視的。

如果你想讓心靈減負，必須盡力去清除困擾心靈的情緒

下篇
情緒管理課—提升自制力，遇見更好的自己

渣滓，不讓它們控制你的心靈。

當你把所有的煩惱向要好的朋友傾訴後，是否感到心裡舒暢無比呢？

有一位心理學家曾在一艘開往檀香山的輪船上做過一次心理改造實驗。他建議一些心煩氣躁的人到船尾去，設想已把所有煩惱全都丟進海中，並且想像自己的煩惱正淹沒在白浪滔滔的海裡。

後來，有一位乘客告訴他說：「我照著你所建議的方法做後，感覺心裡真是舒暢無比。我打算以後每天晚上都到船尾去，然後把我的煩惱一點一點地往下丟，直到不再有煩惱為止。」

這件事正好契合了一句話：過去的事情，就讓它過去。

英國前首相勞合·喬治有一個習慣──隨手關上身後的門。

有一天，喬治和朋友在院子裡散步。他們每經過一扇門，喬治總是隨手關上。「你有必要把這些門都關上嗎？」朋友很是納悶。

「哦，當然有這個必要。」喬治微笑著對朋友說，「我這一生都在關我身後的門。你知道，這是必須做的事。當你關門時，也將過去的一切留在後面，不管是美好的成就，還是讓人懊惱的失誤。然後，你才可以重新開始。」

從昨天的風雨裡走過來，身上難免沾染一些塵土和霉氣，心頭多少會留下一些消極的情緒，這是不能完全抹掉

第六章
管理自我—妥善處理情緒，是提高 EQ 的關鍵

的。但如果總是背著沉重的情緒包袱，只會白白耗費眼前的大好時光。

追悔過去，只會失掉現在；失掉現在，哪有未來！正如俗話所說：「為誤了頭一班火車而懊悔不已的人，肯定還會錯過下一班火車。」

要想成為一個快樂成功的人，最重要的一點就是記得隨手關上身後的門，學會將過去的不快通通忘記，振作精神，重新開始，不使消極的情緒成為明天的包袱。

一個發條上得十足的表不會走得很久，一輛速度經常達到極限的車往往會壞，一根繃得過緊的琴弦很容易折斷，而一個心情煩躁、緊張、鬱悶的人極容易生病。

因此，善用錶的人不會把發條上得過緊，善駕車的人永不把車開得過快，善彈琴的人永不會把琴弦繃得過緊，EQ 高的人總在為自己的心靈鬆綁。

第七章
激勵自我 —— 展現情緒的驚人力量，進入心想事成的境界

聰明的畫家

有位醫生素以醫術高明享譽整個醫學界，事業蒸蒸日上。但不幸的是，他被診斷患有癌症，這對他而言如晴天霹靂。他曾一度情緒低落，可是最終他不但接受了這個事實，而且心態也為之一變，變得更寬容、謙和，懂得珍惜所擁有的一切。在勤奮工作之餘，他從沒有放棄與病魔搏鬥。就這樣，他已平安度過了好幾個年頭。

有人問他是什麼神奇的力量在支撐著他。

這位醫生笑盈盈地答道：「是希望。幾乎每天早上，我都給自己一個希望，希望我能多救治一個病人，希望我的笑容能溫暖每個人。」可見，這位醫生不但醫術高明，做人的境界也很高。

在這個世界上，有許多事情是我們難以預料的。我們不能控制際遇，卻可以掌握自己；我們無法預知未來，卻可以把握現在；我們不知道自己的生命到底有多長，卻可以安排

第七章
激勵自我—展現情緒的驚人力量,進入心想事成的境界

當下的生活;我們左右不了變化無常的天氣,卻可以調整自己的心情。只要活著,就有希望;只要每天給自己一個希望,我們的人生就一定不會失色。

希望究竟是什麼呢?它是引爆生命潛能的導火線,是激發生命熱情的催化劑。只要心存信念,總有奇蹟發生,希望雖然渺茫,但它永存人世。

美國作家歐·亨利在他的小說〈最後一片葉子〉裡講了這樣一個故事:

病房裡,一個生命垂危的病人從房間裡看到窗外的常春藤,藤上的葉子在秋風中一片片地掉落下來。病人望著眼前的蕭蕭落葉,身體也隨之每況愈下。她說:「當葉子全部掉光時,我也要死了。」

一位老畫家得知後,用彩筆在牆上畫了一片葉子。結果,那片「葉子」始終沒掉下來。只因為生命中的這片綠,病人竟奇蹟般地活了下來。

所以,人生可以沒有很多東西,卻唯獨不能沒有希望。希望在人類生活中具有重要的價值。有希望之處,生命就生生不息!

每天給自己一個希望,就是給自己一個目標,給自己一點信心。每天給自己一個希望,我們將活得生機勃勃、激昂澎湃,哪裡還有時間去嘆息去悲哀,將生命浪費在一些無聊的小事上。

下篇
情緒管理課—提升自制力，遇見更好的自己

生命是有限的，但希望是無限的，只要我們不忘每天給自己一個希望，就一定能夠擁有豐富多彩的人生。

撕掉身上的舊標籤

「大魚吃小魚」是大自然的規律，然而科學家透過一項特別的實驗，卻得到了不同的結論。

研究人員將一個很大的魚缸用一塊玻璃隔成了兩部分，在一邊放進了一條大魚，連續幾天沒有餵食，之後，在另一邊放進了很多條小魚。大魚看到小魚後，直接地朝著小魚游去，結果撞在了玻璃上。第二次，牠使出了渾身的力氣朝小魚衝去，但結果還是一樣，撞得疼痛難忍。於是牠放棄了眼前的美食，不再徒勞了。

第二天，科學家將魚缸中間的玻璃抽掉了，小魚們很悠閒地游到了那條大魚的面前。而此時的大魚再也沒有吃掉小魚的欲望了，眼睜睜地看著小魚在自己面前游來游去⋯⋯

與此相類似的，是一個關於跳蚤的有趣實驗：實驗者往一個玻璃杯裡放進一些跳蚤，跳蚤立即輕易地跳了出來。

接下來，實驗者把這些跳蚤再次放進杯子裡，同時在杯上加一個玻璃罩。嘣的一聲，跳蚤重重地撞在玻璃罩上。跳蚤十分困惑，但是牠們沒有停下來，因為跳蚤的生活方式就是「跳」。一次次地被撞，跳蚤開始變得聰明起來，牠們開始根據玻璃罩的高度來調整自己跳的高度。經過一段時間以

第七章
激勵自我—展現情緒的驚人力量,進入心想事成的境界

後,這些跳蚤再也沒有撞擊到這個玻璃罩,而是在罩下自由地跳動。

一天後,實驗者把玻璃罩輕輕拿掉。跳蚤不知道玻璃罩已經去掉了,還是按照原來的高度繼續跳躍。一週後,那些可憐的跳蚤還在這個玻璃杯裡不停地跳動——其實牠們已經無法跳出這個玻璃杯了。

後來,生物學家在玻璃杯下放了一個點燃的酒精燈。不到五分鐘,玻璃杯燒熱了,所有的跳蚤自然發揮求生的本能,再也不管頭是否會被撞痛,全部跳到了玻璃杯以外。

「自我設限」是一件悲哀的事情,跳蚤並非自身跳躍能力下降,而是在一次次受挫後學乖了、習慣了、麻木了。在現實生活中,許多人也在過著這樣的跳蚤人生。年輕時意氣風發,屢屢嘗試,但是往往事與願違,屢屢失敗。幾次失敗以後,他們便開始抱怨這個世界的不公平,懷疑自己的能力,不再不惜一切代價去追求成功,而是一再降低成功的標準——即使原有的限制已經取消。

其實,很多人心靈中也有無形的玻璃,他們不敢大膽地表明自己的觀念,遭遇挫折後採取「一朝被蛇咬,十年怕井繩」的態度。一個人要走向成功,就要不斷地打碎心中的這塊玻璃,超越無形的障礙!

很多人不敢追求成功,不是追求不到成功,而是因為他們在心理面已經預設了一個高度。這個高度常常暗示他們:

下篇
情緒管理課―提升自制力，遇見更好的自己

成功是不可能的，這個是沒有辦法做到的。因此，「心理高度」是人無法取得偉大成就的原因之一。

走進美國 NASA，會看到一根大圓柱上鐫刻著這樣的文字：If you can dream it, you can do it. 這句話可譯為：如果你能夠想到，就一定能夠做到。一個人在個人生活經歷和社會遭遇中如何認識自我，在心裡如何描繪自我形象，也就是你認為自己是個什麼樣的人 ── 成功或是失敗、勇敢或是懦弱，將在相當程度上決定著個人的命運。

米蒂是一位精力充沛、熱愛冒險的女性，但她一開始並不這樣。

米蒂自小時候起就是個膽小鬼，她不敢做任何運動，凡是可能受傷的活動她一概不碰。在參加過幾次心靈課程後，她有了一些新的運動經驗，如潛水、赤足過火和高空跳傘。

然而，這些體驗還不足以使她形成有力的信念，改變她先前的自我認定。她認為自己是個「有勇氣高空跳傘的膽小鬼」。她有所不知，事實上轉變已經開始。

其他人都很羨慕她的表現，紛紛對她說：「我真希望自己也能有妳那樣的膽子，敢嘗試這麼多的冒險活動。」

聽多了之後，她便不得不質疑起來，是不是以前錯估了自己。

「最後，」米蒂說道，「我決心不再把自己想成膽小鬼。」

後來，在又一次高空跳傘訓練中，她試圖把想冒險的企

第七章
激勵自我—展現情緒的驚人力量，進入心想事成的境界

圖提升為勇於冒險的信念。

當飛機攀升到 12,500 公尺的高空時，米蒂望著那些沒什麼跳傘經驗的隊友——多數人都極力壓抑著內心的恐懼，故意裝作興致很高的樣子——告訴自己：「此刻我已不屬於他們那一群，今天我可要好好地玩一玩。」

她很驚訝地發現自己剛剛經歷了重大的轉變，不再是個膽小鬼，而成了一個敢冒險、有能力、享受人生的人。

她是第一位跳出飛機的隊員。下降時，她一路興奮地高聲狂呼。

米蒂的轉變很徹底，新的自我認定使她成為一位真正勇於冒險的勇者。

改變和擴展自我認定，是一個艱難的過程。然而，如果你不滿意當前的自我認定，並下定決心去改變，那麼，你的人生將迅速而奇妙地得到改善，你會發現一個嶄新的自己。自我認定的轉換很可能是人生中最有趣、最神奇的經驗，當你重新進行自我認定，並撕掉貼在身上的舊標籤之後，你很可能就此超越了過去的自己。

以積極的暗示武裝自己

思想作用於人的最基本的原則是：你想得越多的事，對你的吸引力越大。所以，你不妨相信這條規則：常想某件事，

下篇
情緒管理課―提升自制力，遇見更好的自己

就會促使它實現。

有一位婦女曾說過這樣的話：「我年輕時發誓，絕不嫁姓史密斯的男人，也絕不嫁比我年輕的男人，更不會去從事洗盤子的工作。但現在，這三件事我都做了。」

在生活中，總說「我不想生病」的人，可能會與病魔大戰一場；老想著「我不要過寂寞的生活」、「我不想破產」、「希望這次事情不至於搞砸」的人，往往就會落入他們一心想避免的困境之中。

你是否也常聽說類似的事？你是否也曾陷入完全違背自己心意的處境？其實這就是思想的力量。即使你想的是不希望這件事成為事實，你還是會朝著它走去。這是因為心靈只能被誘導去做某事，卻不能接受誘導不去做某事。

EQ 高的人能夠恰當地利用這一現象，使自己的人生達到理想的境界。當情緒低落時，他們善於給自己積極的暗示，幫助自己走出困境。

經常進行積極暗示的人，會把每一個難題看成機會和希望；經常進行消極暗示的人，卻將每一個希望和機會看成難題。

自信是一種可以用自我暗示誘導和修煉出來的、積極的心理狀態。我們說心態決定命運，正是以心理暗示決定行為這個事實為依據的。

第七章
激勵自我—展現情緒的驚人力量，進入心想事成的境界

改變了想法，你就改變了生活。我曾在一本雜誌上看到下面這篇名為〈為了今天〉的文章，覺得十分有效，在此介紹給大家，希望能改變大家的生活。

一、為了今天，我要十分快樂。如果林肯說的「大部分人只要下定決心，就能獲得快樂」這句話是對的，那麼快樂應該是來自內心，而不是存在於外在。

二、為了今天，我要讓自己適應一切，而不去試著調整一切來適應自己的欲望。我要以這種態度接受我的家庭、我的事業和我的運氣。

三、為了今天，我要愛護自己的身體。我要多加運動，善於照顧自己；不損傷身體，不忽視健康，為爭取成功奠定良好的基礎。

四、為了今天，我要豐富自己的思想，要學習一些有益的東西。我不要做一個胡思亂想的人，要看一些需要思考、需要集中精神才能讀懂的書。

五、為了今天，我要用三件事來鍛鍊我的靈魂。我要為別人做一件好事，而不讓人知道；我還要做兩件自己並不想做的事，如同威廉‧詹姆斯所說的，只是為了鍛鍊。

六、為了今天，我要做個討人喜歡的人。外表整潔，衣著得體，說話低聲，行動優雅，絲毫不在乎別人的毀譽；對任何事都不挑毛病，也不干涉或教訓別人。

七、為了今天，我要試著認真思考如何度過每一天，而不是試圖將一生的問題一次解決。因為，一個人雖能連續工

下篇
情緒管理課─提升自制力，遇見更好的自己

作 12 個小時，卻不可能一輩子這樣做下去。

八、為了今天，我要制定一個計畫，寫下每一個小時應該做的事。也許我並不會完全照著做，但這樣至少可以免除兩種缺點──過分倉促和猶豫不決。

九、為了今天，我要為自己留下半個小時安靜的時間，放鬆一下，使自己的生命充滿希望。

十、為了今天，我要心中毫無畏懼。我要去欣賞一切美的東西，勇敢地去愛，相信我愛的人會愛我。

六美分，就能買一個奇蹟

吉米‧馬歇爾（James Lawrence Marshall）被視為職業橄欖球界中最難擊敗的人。在運動王國，30 歲就會被視為「老年人」，但他擔任守備到 42 歲。

在 282 場比賽中，吉米‧馬歇爾從未失敗過。有名的四分衛法蘭‧塔肯頓（Fran Tarkenton）說，吉米是「最有意思的運動員」。

吉米也經歷過很多的災難：在一次大風雪中，所有的同伴都死了，他卻倖存下來；他害過兩次肺炎；他在擦槍時，因不小心走火而受傷；他出過幾次車禍，也經歷過外科手術⋯⋯但這些都沒能擊垮他。他只是輕描淡寫地說：「上帝不要我，因為我的夢想沒有完全實現。」

第七章
激勵自我─展現情緒的驚人力量,進入心想事成的境界

人生因夢想而高飛,所以我們要勇於夢想,勇於希望!

在感恩節到來的三天前,芝加哥市一位名叫賽尼·史密斯的中年男子向當地法院遞交了一份訴狀,要求贖回自己去埃及旅行的權利。

這起案子的案情十分簡單。40年前,賽尼·史密斯只有6歲,在威靈頓小學讀一年級。有一天,老師瑪麗·安讓他們各說出一個自己的夢想。全班24名同學都非常踴躍,尤其是賽尼,他一口氣說出兩個:一個是擁有一頭自己的小母牛,另一個是去埃及旅行一次。

可是當瑪麗·安老師問到一個名叫傑米的男孩時,不知為什麼,他竟一下子沒了夢想。為了讓傑米也擁有一個自己的夢想,瑪麗·安老師建議傑米向同學購買一個。於是,在瑪麗·安老師的見證下,傑米就用6美分向擁有兩個夢想的賽尼買了一個。由於賽尼當時太想擁有一頭自己的小母牛了,他就讓出了第二個夢想——去埃及旅行一次。

40年過去了,賽尼·史密斯已人到中年,並且在商界小有成就。40年來,他去過很多地方——瑞典、丹麥、希臘、沙烏地阿拉伯、中國、日本,然而從來沒有涉足過埃及。他說,他從來沒忘記過這個夢想。然而,作為一個虔誠的基督徒和一個誠信的商人,他不能去。

今年的感恩節前夕,他和妻子打算到非洲旅行一次。在設計旅行路線時,妻子把埃及的金字塔作為其中的一個觀光項目。賽尼·史密斯再也忍不住了,他決定贖回那個夢想。

下篇
情緒管理課―提升自制力，遇見更好的自己

因為他覺得只有那樣，才能坦然地踏上那片土地。

但是最終，他沒能贖回那個夢想。因為經聯邦法院審定，那個夢想價值3,000萬美元，賽尼‧史密斯要贖回去，就必須傾家蕩產。其中的緣由，我們從傑米的答辯狀中，也許可略知一二。

傑米是這樣說的：

「在我接到史密斯先生的律師送達的副本時，我正在打點行裝，準備全家一起去埃及。這好像是我一口回絕史密斯先生要求贖回那個夢想的理由。其實，真正的理由不是我們正準備去埃及，而是這個夢想的價值。

現在各位都非常清楚，小時候我是個窮孩子，窮到不敢有自己的夢想。然而，自從我在老師的鼓勵下，用6美分從史密斯先生那兒購買了一個夢想之後，我徹底地變了，變得富有了。我不再淘氣，不再散漫，不再浪費自己的光陰，我的成績有了很大的進步。

我之所以能考上華盛頓大學，我想完全得益於這個夢想。我之所以能認識我美麗賢惠的妻子，我想也是得益於這個夢想，因為她是一個對埃及文明著迷的人。如果我沒有購買那個夢想，我們絕不會在圖書館裡相遇，更不會擁有一段浪漫迷人的戀愛時光，也不會成為像現在這樣幸福的一對。我的兒子現在在史丹佛大學讀書，我想也是得益於這個夢想，因為我從他幼時就告訴他，我有一個夢想，那就是去埃及，如果你能獲得好的成績，我就帶你去那個美麗的地方。

第七章
激勵自我─展現情緒的驚人力量,進入心想事成的境界

我想他就是在埃及的召喚下,走入史丹佛大學的。

現在我在芝加哥擁有 6 家超市,總價值 2,500 萬美元左右。我想如果沒有那個去埃及旅行的夢想,我是絕不會擁有這些財富的。尊敬的法官和陪審團的各位女士們、先生們,我想假如這個夢想是屬於你們的,你們一定會認為它已融入你們的生命之中,已經和你們的生活、你們的命運緊密相連,密不可分。你們一定會認為,這個夢想就是你們的無價之寶。」

夢想源於人類的想像。想像的力量實際上是非常巨大的,它是能引導你走向成功的極大力量。許多偉大的發明都是由想像而來的。

想像並不是抽象的東西,也不是不可捉摸、虛無縹緲的東西。實際上,許多我們正在享用的東西,都是工程師或建築師以他們頭腦中的構想為基礎來設計完成的。

愛默生曾說:「真正的詩,是詩人的心;真正的船,是造船者的心。」詩是藝術的美麗語言,產生美麗語言的是詩人;船是以設計圖為基礎造成的,但設計圖是根據造船者頭腦中的設想造出的。

人生因為夢想而高飛,我們每一個人都應該擁有自己的夢想。

下篇
情緒管理課—提升自制力,遇見更好的自己

做個務實的夢想者

為了實現夢想,人們必須盡量把目標確定下來,向著那個目標不斷地努力。

約翰・戈達德(John Goddard)在小時候便是一個勇於夢想、勇於挑戰的人。15歲時,他將他一生想要做的事列在一張單子上,有探險尼羅河、攀登聖母峰、研究蘇丹的原始部落、5分鐘跑完1英里、把《聖經》從頭到尾讀一遍、在海中潛水、用鋼琴彈《月光曲》、讀完《大英百科全書》和環遊世界一週等127項。

到了2013年5月7日約翰・戈達德在南加州逝世時,他已實現大部分兒時的目標(僅剩15個未完成)。

確定好目標能循序漸進地推動夢想的實現。

哈佛大學曾做過一項跟蹤調查:目標對人生有著怎樣的影響。調查對象是一群智力、學歷、環境等條件差不多的年輕人。

調查結果為:27%的人沒有目標;60%的人目標模糊;10%的人有清晰但比較短期的目標;3%的人有清晰且長遠的目標。

25年的追蹤研究結果顯示:

那些有清晰且長遠目標的人,25年來幾乎都不曾更改過

第七章
激勵自我—展現情緒的驚人力量,進入心想事成的境界

自己的人生目標。他們懷著自己的夢想,朝著同一方向不懈地努力,25年後,他們幾乎都成了社會各界頂尖的成功人士。

那些有著清晰但比較短期的目標的人大都生活在社會的中上層。他們的共同特點是,那些短期目標不斷被達成,生活狀態穩步改善,最終成為各行各業不可或缺的專業人士。

那些目標模糊者幾乎都生活在社會的中下層。他們能安穩地生活與工作,但沒有什麼特別的成績。

剩下的那些25年來從來沒有過目標的人幾乎都生活在社會的最底層。他們的生活都過得不如意,有些人已經失業,靠社會的救濟生活,並常常抱怨他人、抱怨社會、抱怨世界。

由此我們可以說,目標對人生有著深遠的影響,達到目標是實現夢想的重要步驟。

目標似乎易於實現,因此它比夢想更貼近現實。一個人如果沒有目標,就只能在人生的旅途上徘徊,永遠到不了成功的彼岸。

正如空氣對於生命一樣,目標對於成功也有絕對的必要。如果沒有空氣,任何人都不能夠生存;如果沒有目標,任何人都不能獲得成功。所以,在採取行動之前,你必須先明確自己想要去的地方。

你過去或現在的情況並不重要,將來想要獲得什麼成就才重要。

下篇
情緒管理課—提升自制力，遇見更好的自己

　　如果你希望自己 10 年以後變成什麼樣，那麼從現在開始，你就必須努力變成那個樣子。

　　那些終生無目的地漂泊、胸懷不滿的人並沒有一個非常明確的目標，只有不切實際的夢想。沒有目標，就難以產生前進的動力，夢想就會變得越來越遙遠。

　　確定目標的最大益處就是，潛意識裡，你開始遵循一條普遍的規律進行工作。這條普遍的規律就是：人能想像和相信什麼，就能用積極的心態去完成什麼。如果你預想出你的目的地，你的潛意識就會受到自我暗示的影響，幫助你到達那。如果你知道你需要什麼，就會產生一種傾向：試圖走上正確的軌道，奔向正確的方向。

　　這樣一來，你的工作就會變得有樂趣，你也會因受到激勵而願意付出代價。對目標思考得越多，你就會越有熱情，對一些機會變得更敏銳——這些機會將幫助你達到目標。

　　成功者都不是空想者，他們的夢想是由目標的珠子連線起來的。

你是獨一無二的

　　我有一個重大的發現：人人都有自卑情結。一個沒有企業的人見到小企業主時自卑，一個小企業主見到大企業家自

第七章
激勵自我─展現情緒的驚人力量,進入心想事成的境界

卑,一個大企業家見到更大的企業家自卑,更大的企業家在以自己的弱項和別人的強項相比時自卑。

自卑是生命過程中難以迴避的情感癥結,這並不等於說人生建築在自卑情結上。人有自卑感,但人總是想擺脫自卑感,多一點信心,多一份自尊。

人生儘管波浪起伏,但人不像水中的浮萍,沒有主見,隨波逐流,聽憑命運擺布。人是為獲取自尊而不是自卑活著的。

自卑是生命過程中的產物,是後來擠進生命之中的雜物,是伴隨人的需要不能滿足而生的寄生物。

所謂山外青山樓外樓,強中還有強中手,一個人不可能在所有方面都獨占鰲頭。當人們以自己的弱項和別人的強項相比時,就會產生自卑情結。由於人人都有自卑情結,所以,人人都需要被認可和被讚美。

一位父親很為他的兒子苦惱,因為他已經十五六歲了,可是仍然自卑,一點男子漢氣概都沒有。於是,父親去拜訪一位禪師,請他訓練自己的孩子。

禪師說:「你把孩子留在我這裡,三個月以後,我一定可以讓他脫胎換骨。」父親同意了。三個月後,父親來接孩子。禪師安排孩子和一個空手道教練進行一場比賽,以展示這三個月的訓練成果。

> 下篇
> 情緒管理課—提升自制力，遇見更好的自己

教練一出手，孩子便應聲倒地。他站起來繼續迎接挑戰，但馬上又被打倒。他又站起來——就這樣倒下又爬起一共 16 次。

禪師問父親：「你覺得你兒子現在還自卑嗎？」

父親說：「我簡直羞愧死了！想不到我送他來這裡受訓三個月，他還是這麼不經打，被人一打就倒。」

禪師說：「你只看到了表面的勝負，卻沒有看到你兒子那種倒下去立刻又站起來的信心和勇氣。這才是真正的男子氣概啊！」

在這個世界上，你是獨一無二的。所以，你沒有必要去仰視別人，你就是一道風景。只要你不懈追求，相信自己不比別人差，就一定會取得成功。

為自己鼓掌

人生如戲，你在舞臺上扮演著屬於自己的各種角色，孩子、戀人、妻子、上司、下屬……你可能是一個出色的演員，引得別人的關注，贏得別人的喝采。但是，也有可能，你只是默默無聞地表演著自己，沒有人注意到你，更不會有人為你叫好。在這個時候，請不要沮喪，不要讓生命的熱情消逝，你可以為自己鼓掌。

第七章
激勵自我—展現情緒的驚人力量,進入心想事成的境界

1942年7月,在德蘇戰爭前線,一位年輕的蘇聯士兵受傷了。醫院要立即對他進行手術,準備替他打麻醉藥。

年輕的士兵艱難地對護士說:「我恐怕再也醒不過來了。長久以來我有一個心願,請求你幫助我完成,不要讓我遺憾……我長這麼大幾乎沒有人稱讚過我,雖然我一直很努力地表現自己……我的成績不好,在學校沒有老師喜歡我,也沒有同學敬佩我,甚至我的父母也沒有用誇獎和掌聲鼓勵我……」

年輕士兵的臉色越來越蒼白,但是他繼續說道:「我請求你們能為我鼓掌,只為我一個人鼓掌。如果我不再醒來,我就是為了蘇維埃而犧牲的……我應該成為祖國和人民的驕傲,不是嗎?」

士兵的眼睛充滿了期待,護士和醫生們的眼睛裡都噙著淚水,病房裡爆發出熱烈而持久的掌聲。年輕的士兵也為自己鼓掌,隨後滿足地閉上了眼睛。

別人的喝采是對你的認可、鼓勵和讚揚。每個人都希望透過別人的喝采來增強自己的信心,或者證明自己的價值。

一個人最壞的狀態是失去了恰當的自我認知。如果這樣,那麼當你面前沒有別人的笑臉和鮮花時,當你耳邊沒有別人的掌聲和讚嘆聲時,你就很容易迷失,認為自己什麼都不是。比如:在談判時對方故意指出你一些很不重要的缺點,在公司裡有人對你冷嘲熱諷……這時,你是否會對自己的能力感到懷疑呢?

下篇
情緒管理課－提升自制力，遇見更好的自己

　　如果你認為自己被打倒了，那麼你就真的被打倒了；如果你想贏，但是認為自己沒有實力，那麼你就一定不會贏；如果你認為自己會失敗，那麼你就一定會失敗。勝利始於個人求勝的意志和信心，勝利者都是有信心的人。

　　不要自我貶低，每個人都擁有使自己變得強大的力量。不要把自己想像成一個失敗者，而要盡量把自己當成一個贏家。人生來就沒有什麼局限，無論男人或女人，每個人內心都有一個沉睡的巨人，那就是自信。

　　堅定的自信是成功的泉源。基於 EQ 的自信，是在正確認識自己的前提下獲得的。法國存在主義哲學大師沙特說：「一個人想成為什麼，就會成為什麼。」

　　在開始做一件事情之前，要充分信任自己的能力，要對自己的成功深信不疑，同時還要有創造精神。有創造精神的人，是人生態度積極的人。

　　自信是戰勝自卑的有力武器。它是生命中明亮的旋律，是生命的亮點。

　　自信體驗的是人生光明、甘甜和美妙的一面。自信給予人的是生命的希望和對未來的美好憧憬。人類社會能從茹毛飲血發展到電子時代，從燧人氏的鑽木取火發展到今天的核能發電，沒有自信是不成的。沒有自信，人類將一事無成；沒有自信，個人將毫無價值。

第七章
激勵自我—展現情緒的驚人力量，進入心想事成的境界

當沒有人喝采的時候，自己為自己鼓掌吧！在你的靈魂深處頑強地為自己加油！自己肯定自己，永無止息地激發自己的信心和熱情。我們要為自己鼓掌，在布滿荊棘的生活道路上充滿自信地向自己的目的地邁出堅定的步伐。

不僅坐前排，還要大聲發言

在世界各地，每天都有不少年輕人開始新的工作，他們都希望能登上事業巔峰，享受隨之而來的成功果實。但是他們絕大多數都不具備必要的信心與決心，無法實現自己的願望。初入社會的年輕人要想成功，必須克服自己的自卑感。

自信是一種心態，表現為一種自我肯定、自我鼓勵、自我強化。沒有自信心，就沒有生活的熱情和趣味，也就沒有探索打拚的勇氣和力量。

對於自己能做的事，要相信自己能成功。勇於將自己的能力展現出來，該出風頭時就出風頭，不懼人言。這種自信，是保證將自己的能力充分發揮的前提，是自信的第一個層次。

對於自己不能做的事，要坦然處之，不要覺得自己不能做就低人一等，這是自信的第二個層次。你是圍棋高手，沒有必要因為棋藝不如人而自卑。

下篇
情緒管理課—提升自制力，遇見更好的自己

人無完人，每個人都有自己不能做的事。而此時總會有人對你做出各種評價，甚至是詆毀。這時人們往往會受到打擊，導致不自信心理的產生。有些人甚至會認為自己窩囊，做什麼事情都不行。

一件事情的成功，往往需要很多因素。而事實上你只要具備做好關鍵性因素的能力，就可能獲得成功。在非關鍵因素上的缺失，並不會影響成功。

假如你被僱用到某家企業負責某項產品的市場行銷工作，你相信自己對市場有著敏銳的感知，但缺乏這方面的工作經驗。於是，很多人在你面前或背後說你做不好這件事，一定會失敗，因為你沒有經驗。因為這些議論，你開始懷疑自己、畏縮不前。

但事實上，你一定要具備經驗嗎？不一定。你已經具備了創新的前提，沒有經驗可以去學習。所以，你完全沒有必要因此而自卑。

人的能力是有很大潛力的，有些事你可能認為自己沒有能力做到，但在背水一戰的關鍵時刻，必須相信自己能做到，這是第三個層次上的自信。

要建立完善的自信心，就需要不斷地學習和訓練。下面是六種建立信心的練習，只要用心努力學習，定能助你建立完善的自信心。

第七章
激勵自我—展現情緒的驚人力量,進入心想事成的境界

◎ 突顯自己

在會議室、教室中,或其他場合,大多數的人都擠到後排坐,前面的座位總是空空蕩蕩。

事實上,坐在前排能幫助你建立自信心。所以,從今天開始,凡是參加演講或聚會,你都要習慣於坐前排。也許有點太起眼,但是要成功就要處處樹立自信心,不要怕顯露自己。

◎ 正視對方

缺乏自信心的人在與人交談時,眼光總是四處飄蕩,不敢正視對方。

通常情況下,無法與別人進行眼神接觸說明兩件事:一是在別人的目光下你自覺渺小;二是避開他人的眼光意味著你有罪惡感,你做了些不想讓別人知道的事。

正視他人的目光,告訴他,我是真誠的、光明磊落的,相信我所告訴你的,我有十足的信心。直視別人的雙眼不但能給予你信心,更能讓你贏得他人的信任。

◎ 加快你的腳步

身體活動是心智活動的外在表現。遭受打擊者、窮困潦倒者往往步履蹣跚,沒有一點自信。

例如:德國人走路很快,是因為對自己國家充滿自豪感。

所以，抬起頭，挺起胸膛，加快步伐前行，你將感到信心倍增。

◎ 勇於表達意見

在許多公開的討論會中，沉默者總是占大多數。人們都不願發表自己的意見，並自忖：我的意見也許毫無價值，如果發言的話可能讓人覺得我是多麼愚蠢，還是一言不發吧！

缺乏自信的沉默者越是沉默，越是感到無能。他們常對自己許下微弱的承諾：下一次一定要發言。但真正等到下一次會議，他們還是不會發言，而且對自己愈來愈沒有信心。嘗試著將話說出來，是增強信心的必要的訓練。

這種訓練可從平常的家庭會議、公司會議、研討會或其他聚會等場合做起，發表你的看法，不要有例外，要試著突破僵局、率先發表意見，不要做最後的發言者。絕對不要看輕自己，你不是愚蠢的。停止問自己我的意見是否值得說出來，這只會增加自己的遲疑，無法做出正確的決定。

◎ 綻開笑容

微笑是信心不足的良藥，然而許多人並不相信，因為他們從未在感覺害怕時試著笑一笑。

感覺挫敗時不妨綻開笑容，這能夠給予你信心，打敗恐懼，驅走擔憂。真正的笑容不僅能醫治你病懨懨的感覺，而

第七章
激勵自我—展現情緒的驚人力量,進入心想事成的境界

且能立刻融化別人對你的敵意 —— 真誠地一笑,對方將無法對你動怒。

◎ 回憶成功

當你懷疑自己的能力,並被自卑感困擾的時候,不妨從過去的成功經歷中吸取養分,滋潤你的信心。

不要沉溺於對失敗經歷的回憶,要將失敗的記憶從腦海裡趕出去,因為那是一個不友好的來訪者。失敗不是人生主要的一面,只是偶爾存在的消極面。

人們應該多多關注自己的成功,仔細回憶成功過程的每一個環節,看看當初自己是怎樣做的。一連串的成功貫穿起來就建構了一個成功者的形象。它會強烈地向你暗示,你原來是具有決策力和行動力的,你能夠導演成功的人生。正如美國經濟學家羅伯特·席勒所說:「對自己有信心,是所有信心當中最重要的部分。缺少了它,整個生命都會癱瘓。」

看到具有紀念價值的物品時,人們往往會產生無限的聯想。所以,你可以嘗試多看看獎狀、獎盃,回憶自己從前獲得成功時的一幕幕情景。你也可以看看自己最滿意的照片。照片能喚起對往事的回憶,將一個生動的自我形象清晰地刻在自己的腦海裡。

消極自卑的人不妨將自己最得意的照片隨身帶著,當自己情緒低落時,它能有效地調節你的心情。照片上那張生動

下篇
情緒管理課─提升自制力,遇見更好的自己

的臉、洋溢的喜悅,對你來說,無異於一種振奮劑。它會明確地提醒你,你能夠以光彩照人的形象出現,從而增強你的信心,使你產生一股向一切困難進行挑戰的勇氣。

西格的「自信罐」

有個叫西格的女人自從接連生了三個孩子之後,整天煩躁不安。4歲的孩子整日玩鬧,19個月大的孩子整夜哭叫,還有一個嬰兒需要不斷地餵奶。那一段日子,西格的精神就要崩潰了。長期的睡眠不足使她無法以正常的心態看待周圍的世界,也無法正常地看待自己。她甚至懷疑自己天生就低能,連幾個孩子都照看不了。

這時候,她的一個叫海倫的朋友從另外一座城市託人為她帶來一份禮物。她打開一看,是一個裝飾得很漂亮的陶瓷容器,上面還貼著一個標籤,上面寫著:「西格的自信罐,需要時用。」罐子裡面裝著幾十個淺藍色的小紙卷,每個小紙卷上都寫著一句海倫送給西格的話。西格迫不及待地一個個打開,只見上面分別寫著:

「上帝微笑著送給我一件寶貴的禮物:西格。」

「我珍惜妳的友誼。」

「我欣賞妳的執著。」

「我希望住在離妳的廚房100公尺遠的地方。」

第七章
激勵自我—展現情緒的驚人力量,進入心想事成的境界

「妳很好客。」

「妳有寬廣的胸懷。」

「妳是我願意一起在一家百貨公司轉上一整天的那個人。」

「妳做什麼事都那麼仔細,那麼任勞任怨。」

「我真的相信妳能做好任何妳想做的事情。」

「我對妳提兩點建議:第一,當妳完成一件自己想做的事情,或者得到別人的稱讚和肯定的時候,就寫一張小紙條放在這個罐裡。第二,當妳遇到困難和挫折,或者有點心灰意冷的時候,就從這個小罐裡拿出幾張紙條來看看。」

讀到這裡,西格的眼眶溼了。因為她深深地感覺到,她正被別人愛著,被別人關心著,困難只是暫時的,自己也是很棒的。從那以後,西格就把這個「自信罐」擺在家裡最醒目的地方。只要遇到壓力和困難,她就會伸手去摸罐中的小紙條。

15年以後,西格當了一所幼稚園的園長,很多家長都願意把孩子送到這家幼稚園,因為她的自信激發了孩子們的自信。從這所幼稚園走出去的孩子,每個人都有一個「自信罐」。

自信來源於自知。任何人來到這個世界上,都擁有別人所不能擁有的東西。人生歷程就是尋找和探索的過程。只要把自己的「人生密碼」和「事業密碼」對上號,就像用一把鑰匙打開了一把鎖,接著徐徐打開的,便是成功的大門。

下篇
情緒管理課─提升自制力，遇見更好的自己

你不擅長數學，卻擅長國文；不擅長國文，卻擅長音樂；不擅長音樂，卻擅長繪畫；不擅長繪畫，卻擅長體育；不擅長體育，卻擅長工藝；不擅長工藝，卻擅長經營；不擅長經營，卻擅長駕駛；不擅長駕駛，卻擅長種養；不擅長種養，卻擅長捕獵；不擅長捕獵，卻擅長……總有一種事業，總有一樣東西，會讓你大放異彩、出類拔萃。只是有很多人在尋找的途中因為困難，因為壓力，因為氣餒，便輕易放棄了。

他們缺少的，正是這樣一個「自信罐」。

下面這個實驗很有趣，可以測測你的「自信罐」裡的自信到底有多少。

1. 自己的家庭和生活，需要和周圍的人保持相同的水準，你認為這個見解如何？

A. 完全正確

B. 有點正確

C. 不對

2. 宴會時，你如何尋找適當的異性？

A. 找出最滿意的

B. 身邊任何一位都可以

C. 跟看起來坦誠親切的人接近

3. 當你經過陳列窗或鏡子前面的時候，你喜歡停留一下照照自己嗎？

第七章
激勵自我—展現情緒的驚人力量,進入心想事成的境界

A. 經常

B. 偶爾

C. 很少

4. 由於你的過失而產生了不愉快的場面或難題的時候,你會怎麼辦?

A. 為了使自己不受責備,想出一套似是而非的託詞

B. 承擔起應負的責任,盡全力處理善後問題

C. 嘗試修正事態,並尋求對自己有利的解釋

5. 對自己不熟悉和不擅長的事,你能大膽愉快地嘗試嗎?

A. 很難

B. 偶爾

C. 能

計分方法

得分 題號	A	B	C
1	1	3	5
2	5	1	3
3	5	3	1
4	1	5	3
5	1	5	5

241

下篇
情緒管理課－提升自制力，遇見更好的自己

說明

總分 21～25 分，說明你樂觀自信，對自己的才能和外表風采充滿自信和驕傲。即使偶爾有自卑感，也是環境變化的緣故。

總分 16～20 分，說明你不滿足現狀，想出人頭地，喜歡追求不切實際的幻想。也可以說，你過於追求完美，過於計較，反倒令自己陷入自卑感中不能自拔。

總分 11～15 分，說明你常常在做事前就過早斷定自己不行，自認為不如別人。主要原因是你不了解周圍人們的真實狀況，不清楚事情的本來面目。如果弄清楚的話你就會恍然大悟，並隨之坦然自如。你的缺點在於一旦自認為不行就心灰意冷。

總分 5～10 分，說明你對自己缺乏信心，習慣用消極悲觀的眼光看待事物，只看到不利之處，所以總是尚未嘗試就想要退縮。其實，更多時候你是被自己的想像打敗的。

假裝快樂，就會真的快樂

我們對待生活往往有兩種截然不同的態度，積極或消極，於是就有肯定自己和否定自己的現象發生。如果你想讓自己有自信，那麼從現在開始，就要用肯定的方式對待自己，這會給你帶來許多意想不到的好處。

第七章
激勵自我─展現情緒的驚人力量，進入心想事成的境界

美國心理學家威廉‧詹姆斯舉過一個例子：

有一天，友人弗雷德感到意志消沉。他通常採取的應付情緒低落的辦法是避不見人，直到這種心情消散為止。但這天他要和上司舉行重要會議，所以他決定裝出一副快樂的樣子。在會議上，他笑容可掬、談笑風生，看起來心情愉快而又和藹可親。

令他驚奇的是，一個小時過後，他發現自己果真不再憂鬱了。弗雷德並不知道，他在無意中採用了心理學方面的一項重要原理：裝著有某種心情，往往能幫助你真的獲得這種感受。

多年來，心理學家都認為，除非人們改變自己的情緒，否則通常不會改變行為。我們常常逗眼淚汪汪的孩子說：「笑一笑呀。」結果孩子勉強笑了笑之後，跟著就真的開心起來。這就是因為情緒改變導致行為改變。

心理學家艾克曼的實驗表明，一個人想像自己進入某種情境，感受某種情緒，結果這種情緒十之八九真會到來。一個故意裝作憤怒的實驗者，由於「角色」的影響，心率和體溫會上升。心理研究的這個發現可以幫助我們有效地擺脫壞心情，其辦法就是「心臨美境」。

例如：一個人在煩惱的時候，可以多回憶愉快的情景，還可以用微笑來激勵自己。當然，笑要真笑，要盡量多想快

下篇
情緒管理課—提升自制力，遇見更好的自己

樂的事情。為什麼「自賣自誇」的人容易成功，就是因為他們能用肯定的方式使自己變得自信，並感染了我們。

積極心態來源於心理上積極的自我暗示。反之，消極心態是人們經常在心理上進行消極的自我暗示的結果。自我暗示是一種啟示、提醒和指令，它會告訴你注意什麼，追求什麼，致力於什麼和怎樣行動，因而能影響你的行為。

一個人可以透過積極的心理暗示，自動地把成功的種子和創造性的思想播撒到潛意識的沃土。相反，人們也可以播撒消極的種子或破壞性的思想，使潛意識這塊肥沃的土地滿目瘡痍。

之所以說心態決定命運，正是以心理暗示影響行為這個事實為依據的。

某位英國心理學家有這樣一個實驗：

心理學家請來了三個人，告訴他們，不管在哪種情況下，都要盡全力抓緊握力計。

實驗開始，在一般的清醒狀態下，三個人平均的握力是 101 磅。

第二次實驗則是將他們催眠，並告訴他們，他們非常虛弱。實驗結果顯示，他們的握力平均只有 29 磅 —— 還不到他們正常力量的三分之一。

最後，心理學家又讓這些人做第三次實驗：在催眠之後，

第七章
激勵自我―展現情緒的驚人力量，進入心想事成的境界

告訴他們，他們非常強壯，結果他們的握力平均達到142磅。

當他們認定自己有力量之後，力量幾乎增加了50%。這就是不可思議的心理暗示的力量。

所以，積極的心理暗示要經常進行。長期堅持之後，積極的自我暗示就能自動進入潛意識，影響你的行為。

正向思考術讓你夢想成真

我們的命運取決於我們的心態，正如愛默生所說：「一個人就是他整天所想的那些 —— 他不能夠是別種樣子！」

心理學研究證實：如果我們想的都是快樂的事情，就能快樂；如果我們想的都是悲傷的事情，就會悲傷；如果我們想的全是失敗，就會失敗；如果我們想到一些可怕的情況，就會害怕；如果我們沉浸在自憐裡，大家都會有意躲開我們……如果我們想的盡是成功，結果又會怎麼樣呢？答案是我們會成功。

在一項實驗中，工作人員請一組中學生考慮下列假設性問題：

你設定的學期目標是80分，一週前，學校舉行的第一次月考成績（占總成績的30%）發下來了，你得了60分。你接下來會怎麼做？

下篇
情緒管理課—提升自制力，遇見更好的自己

每個人的做法因心態而異。有的學生決定要更用功，並想了各種補救的方法。有的學生也想到了一些方法，但沒有實踐的毅力。有的學生則宣布放棄。

高度樂觀的人具有共同特質：能自我激勵，努力尋求各種方法實現目標；遭遇困境時能自我安慰，知道變通；能將艱鉅的大任務一一分解成容易解決的小目標。

從 EQ 的角度來看，樂觀是指面對挑戰或挫折，不會滿腹焦慮、絕望憂鬱，甚至意志消沉。

馬特‧比昂迪是美國知名的游泳選手，1988 年代表美國參加奧運會，被認為極有希望繼馬克‧史必茲之後再奪七項金牌。但畢昂迪在第一項 200 公尺自由式中竟僅居第三，在第二項 100 公尺蝶式中原本領先，但到最後一公尺硬是被第二名超了過去。

許多人都以為，兩度失金將影響比昂迪後續的表現，沒想到他在後五項比賽中竟連連奪冠。對此，美國賓州大學心理系教授馬丁‧賽里格曼並不感到意外，因為他在同一年的早些時候，曾為比昂迪做過相關實驗。

實驗內容是：在一次游泳比賽後，比昂迪表現得很不錯，但教練故意告訴他得分很差，讓他稍作休息再試一次。結果下一次他更加出色。參與同一實驗的其他隊友卻因此影響成績。

樂觀者面臨挫折會堅信情勢定會好轉。從 EQ 的角度來看，樂觀能使陷入困境中的人不會感到無力和沮喪。樂觀和

第七章
激勵自我－展現情緒的驚人力量，進入心想事成的境界

自信一樣，會使人生的旅途更加順暢。

樂觀的人認為失敗是可改變的，結果反而能轉敗為勝。悲觀的人則常對失敗感到無能為力。

研究顯示，在焦慮、生氣、憂鬱、沮喪的情況下，任何人都無法有效地接收資訊，或妥善地處理資訊。情緒沮喪會嚴重影響智力的發揮，因為悲觀的情緒會壓制大腦的思維能力，從而使人的思維癱瘓。

心理學家曾做過一個「半杯水實驗」，這個實驗比較準確地反映出樂觀者和悲觀者的情緒特點。悲觀者面對半杯水說：「我就剩下半杯水了。」而樂觀者會說：「我還有半杯水呢！」對高 EQ 的樂觀者來說，外在世界總是充滿著光明和希望。

樂觀使人經常處於輕鬆、自信的心境，情緒穩定，精神飽滿，對外界沒有過分的苛求，對自己有恰當客觀的評價。

樂觀的人在遭遇挫折、失敗時，常會看到光明的一面，也能發現新的意義和價值，而不是輕易地自責或怨天尤人。而悲觀者一般敏感、脆弱，內心的情感體驗細緻、豐富，一遇挫折就會比一般人感受得深、體驗得多。

樂觀的人在求職失敗後，多半會積極地擬訂下一步計畫或尋求協助。他們認為失敗是可以補救的。反之，悲觀的人則認為事情已無力回天，從而不再思考解決之道，將挫折歸

各於本身的缺陷。

1984年，賽里格曼曾以賓州大學500名新生為對象做樂觀測試，結果發現，測試成績比入學考試更能準確地預測出學生在第一學年的成績。

一定程度的能力加上不畏挫折的心態才能成功，而要預測一個人的成就，很重要的一點，就是看他能否愈挫愈勇。對智力相當的人而言，實際成就不僅與才能有關，同時也與承受失敗的能力有關。

對業務員而言，每一次被拒絕都是一次小挫折。銷售成績的好壞，取決於個人是否有足夠的動力繼續嘗試。

一次一次地被拒必然會打擊士氣，讓人覺得拿起話筒拜訪客戶愈來愈艱難。生性悲觀的人尤其難以承受，會灰心沮喪。反之，樂觀的人能從自身以外找到其他導致失敗的因素，因而能嘗試新的方法。

樂觀與悲觀是與生俱來的，但這並不意味不可改變。樂觀與希望都可學習而得，正如絕望與無力也能慢慢養成。

要想擺脫憂愁，使自己樂觀起來，要盡可能地和快樂的人在一起。你是否有過這樣的經歷：和有些人相處，你會感到焦慮不安、脖子痠痛、疲憊不堪。你不知道到底是哪裡不對勁，但就是覺得不舒服。但是和另一些人相處時，你就會覺得精神百倍，身體上的不適感也會慢慢消失。在這些人的

第七章
激勵自我—展現情緒的驚人力量，進入心想事成的境界

陪伴下，你覺得事事如意。這些人所散發出來的正面能量，讓你感到更快樂、更安詳、更有信心。

這些現象不是偶然的。一個精神能量低的人和一個精神能量高的人在一起，前者將受惠無窮，後者則會損失一些能量。精神能量通常會在兩人之間流動，直到獲得平衡為止。

所以，要想提高自己的 EQ，請接受這個建議：不要讓不快樂的人影響你快樂的心情。

假如你身後有一頭狼

加拿大有一位享有盛名的長跑教練，在很短的時間內培養出好幾名長跑冠軍。很多人向他探詢訓練祕訣。誰也沒有想到，他的成功祕訣僅在於有神奇的陪練——幾頭凶猛的狼。

因為這位教練訓練的是長跑，所以他一直要求隊員們從家裡出發時不要藉助任何交通工具，必須自己一路跑來。這是每天訓練的第一課。有一個隊員每天都是最後一個到，而他的家並不是最遠的。教練甚至想告訴他改行去做別的，不要在這裡浪費時間了。

突然有一天，這個隊員竟然比其他人早到了 20 分鐘。教練知道他離家的時間，算了一下，驚奇地發現，這個隊員今天的速度幾乎可以打破世界紀錄。

下篇
情緒管理課—提升自制力，遇見更好的自己

原來，這個隊員在離家不久經過一段五公里的野地時，遇到了一頭野狼。那頭野狼在後面拚命地追他，他只能拚命地跑。最後那頭野狼竟被他給甩開了。

教練明白了，今天這個隊員超常發揮是因為一頭野狼。一個可怕的敵人使他把自己所有的潛能都發揮了出來。

此後，這個教練聘請了一個馴獸師，並找來幾頭狼，每當訓練的時候，便把狼放開。沒過多長時間，隊員的成績都有了大幅度的提高。

人的一生會遇到各式各樣不同的對手。在學校的時候，總是有人成績在你之上，或者你稍有懈怠就會被別人超過；到了社會中，你身在職場，總是有些人比你出色，比你更能得到老闆的信任，比你更精通專業知識和技能；好不容易有了自己的事業，卻發現同行業中存在著許多可以併吞你的大公司⋯⋯

但是，你沒有必要憎恨或者抱怨強勁的對手。若仔細回想一下，你就會發現，真正促使你進步、成功的，真正激勵你昂首闊步向前的，不單是自己的能力和順境，不單是朋友和親人的鼓勵，更多的時候，是你的對手。他們激發了你的潛能，促使你不斷進步。

一位動物學家對生活在非洲大草原奧蘭治河兩岸的羚羊群進行過研究。他發現東岸羚羊群的繁殖能力比西岸的強，奔跑速度也要比西岸的快。而這些羚羊的生存環境和屬類都

第七章
激勵自我—展現情緒的驚人力量,進入心想事成的境界

是相同的,食物來源也一樣。

於是,他在東西兩岸各捉了 10 隻羚羊,把牠們送往對岸。結果,運到東岸的 10 隻羚羊一年後繁殖能力增強,運到西岸的變得懶惰安逸,致使體弱多病,最終只剩下了 3 隻。

原來,東岸的羚羊之所以強健,是因為在牠們附近生活著狼群;西岸的羚羊之所以弱小,正是因為缺少了這麼一群天敵。

沒有天敵的動物往往最先滅絕,有天敵的動物則會逐步繁衍壯大。大自然中的這一現象在人類社會也同樣存在。敵人的力量會讓一個人發揮出巨大的潛能,創造出驚人的成績,尤其是當敵人強勁到足以威脅你生命的時候。

生活中的許多人總在詛咒對手,或者因為自己遇到了對手而失魂落魄、無所適從。你應該為自己有一個強勁的對手而慶幸,為自己遇到的艱難境遇而慶幸,因為這正是你脫穎而出的機會。

感謝強勁的對手吧!因為他們使你變得偉大和傑出。

國家圖書館出版品預行編目資料

微情緒心理學，從「表象破綻」看穿善意謊言：站立方向、眼皮跳動、十指摩擦、視線飄移，人體不自覺的反射動作，55% 暴露真實想法！/ 金文 著 . -- 第一版 . -- 臺北市：樂律文化事業有限公司, 2024.12
面；　公分
POD 版
ISBN 978-626-7552-94-0(平裝)
1.CST: 行為心理學 2.CST: 肢體語言 3.CST: 情緒管理
176.8　　　　　　　113018344

微情緒心理學，從「表象破綻」看穿善意謊言：站立方向、眼皮跳動、十指摩擦、視線飄移，人體不自覺的反射動作，55% 暴露真實想法！

作　　者：金文
責任編輯：高惠娟
發 行 人：黃振庭
出 版 者：樂律文化事業有限公司
發 行 者：崧博出版事業有限公司
E-mail：sonbookservice@gmail.com
粉 絲 頁：https://www.facebook.com/sonbookss/
網　　址：https://sonbook.net/
地　　址：台北市中正區重慶南路一段 61 號 8 樓
8F., No.61, Sec. 1, Chongqing S. Rd., Zhongzheng Dist., Taipei City 100, Taiwan
電　　話：(02) 2370-3310　　傳　　真：(02) 2388-1990
律師顧問：廣華律師事務所 張珮琦律師
定　　價：350 元
發行日期：2024 年 12 月第一版
◎本書以 POD 印製
Design Assets from Freepik.com